O MUNDO NÃO VAI ACABAR

Tatiana Salem Levy

O MUNDO NÃO VAI ACABAR

1ª edição

Rio de Janeiro, 2017

CIP-BRASIL. CATALOGAÇÃO NA PUBLICAÇÃO
SINDICATO NACIONAL DOS EDITORES DE LIVROS, RJ

Levy, Tatiana Salem
L65m   O mundo não vai acabar / Tatiana Salem Levy. – 1ª ed.
Rio de Janeiro: José Olympio, 2017.

ISBN 978-85-03-01318-5

1. Ensaio brasileiro. I. Título.

CDD: 869.4
17-39961   CDU: 821.134.3(81)-4

Copyright © Tatiana Salem Levy, 2017

Capa: Estúdio Insólito
Foto de Capa: Joe Sohm / Getty Images

Agradecimentos da editora ao Valor Econômico, por ter nos cedido gentilmente os textos das páginas 17, 21, 25, 31, 37, 41, 49, 53, 59, 63, 67, 71, 77, 81, 85, 89, 93, 99, 103, 107, 111, 117, 123, 127, 131, 135, 139, 143, 147, 151, 155, 161, 169 e 173 para reprodução.

Este livro foi revisado segundo o novo Acordo Ortográfico da Língua Portuguesa.

Todos os direitos reservados. Proibida a reprodução, armazenamento ou transmissão de partes deste livro, através de quaisquer meios, sem prévia autorização por escrito.

Reservam-se os direitos desta edição à
EDITORA JOSÉ OLYMPIO LTDA.
Rua Argentina, 171 – 3º andar – São Cristóvão
20921-380 – Rio de Janeiro, RJ
Tel.: (21) 2585-2000

Seja um leitor preferencial Record.
Cadastre-se e receba informações sobre nossos lançamentos e promoções.

ISBN 978-85-03-01318-5

Impresso no Brasil
2017

Para o Pedro,
meu amor e companheiro.

Para o Vicente,
que me faz acreditar no mundo.

Sumário

Apresentação 9

PARTE I: TUDO NOS LEVA A CRER QUE SIM

Tempos de crise 17
A dor dos outros 21
Trump ou: a banalidade do mal 25
Onde temos razão não podem crescer flores 31
O reverso das palavras 37
A culpa tem dono 41
Pela democracia 45
Banquete 49
Cidade dos deuses 53
Os traidores 59
Monstros 63
#primeiroassedio 67
A sétima função da linguagem 71

PARTE II: SEM MEMÓRIA, NÃO HÁ PRESENTE

A lápide que falta 77
Democracia literária 81
Memórias da colônia 85

Quaresma	89
O passado é agora	93
Turcos e armênios	99
História revisitada e profetizada	103
Formas de narrar	107
Estamos aqui	111
Coisas que ela sabe	117

Parte III: Onde há literatura, há mundo

Não sei o que fazer	123
Transexual, e daí?	127
Fora de si	131
Alegria da escrita	135
Prioridades	139
O mundo acaba?	143
Nós, Orlando	147
Ler sem lápis	151
Querida Clarice,	155
Literatura e política	161
Tsunami	165
Pare o mundo	169
Sobre a ternura	173
Referências bibliográficas	177

Apresentação

Sejamos utópicos, apesar de tudo

Basta olhar à nossa volta para termos certeza: o apocalipse é aqui e agora. Parece que nunca se falou tanto em fim do mundo, nunca se sentiu tanto que agora é pra valer, agora vai, agora acaba — e de fato temos muitos elementos para sustentar essa tese. Mas, se analisarmos o percurso da História, veremos que os alarmes de fim do mundo se repetiram inúmeras vezes. Vamos até os maias, lá está o apocalipse. Vamos até as sociedades indígenas do Brasil, lá está o apocalipse. Vamos até o Renascimento, lá está Nostradamus. E quem não se lembra das ameaças de apocalipse na passagem de milênio? Aquela confusão, uns diziam que seria em 2000, outros em 2001, e o céu de Copacabana queimando em festa dois anos seguidos, alheio às previsões. O mundo acaba sempre, é verdade. Mas não acaba nunca.

Agora, que um mundo está acabando, isso é certo. Que outro está começando, também. Quanto tempo vai durar, aí já é uma incógnita.

Eu me lembro dos tempos de escola como se fosse ontem. Lembro-me de estudar as diferentes épocas e suas transições. Da pré-História para a Idade Antiga, da Idade Antiga para a Idade Média, da Idade Média para a Modernidade. E me lembro também de ficar me perguntando como seria viver na transição, não ser de uma época nem de outra, metade medieval, metade renascentista. Pergunta de criança, assegurada pela certeza de viver a minha época, uma época inteira.

Se eu podia pensar assim vinte ou trinta anos atrás, agora não posso mais. Tenho a certeza contrária: vivemos uma época de transição. Somos um E.T. perdido e desamparado: sabemos pouco de onde viemos; menos ainda para onde vamos. Tempos assim são um prato cheio para o apocalipse. Fica a dúvida: resistiremos ou explodiremos — e de quebra ainda levaremos o mundo inteiro com a gente?

Viver um período de transição significa que estamos num tempo que já acabou, e em outro que ainda não é (o tempo da espera, diria Blanchot). Do tempo que já "acabou", ainda nos restam coisas boas, como certos valores humanistas ou a literatura, que me acompanhará nas páginas deste livro. Mas nos restam também questões que já deveriam ter sido ultrapassadas e insistem em seguir ao nosso lado. No Brasil, por exemplo, mal temos espaço para se discutir o aborto. A violência contra a mulher e a homofobia deixam marcas diárias.

Mas fiquemos tranquilos, não estamos sozinhos. Olhemos para o Oriente Médio: uma tristeza imensa, depois de uma revolução repleta de esperança. Ou para os Estados Unidos e a onda de conservadorismo com a eleição de Donald Trump. Ou para a Inglaterra e a decisão de sair da União Europeia, motivada pela xenofobia. Ou para a Europa, que abre as fronteiras para si mesma, mas fecha para os refugiados que se afogam à beira-mar. Ou ainda para a Turquia, que aos poucos deixa de ser um Estado laico. Isso sem falar do aquecimento global, das mudanças climáticas provocadas pelo homem, do desmatamento, da poluição dos oceanos — o antropoceno com toda a sua força.

E, do tempo que ainda não é, o que se anuncia? Carros sem motorista, a distância encurtada pela internet, a inteligência artificial se expandindo. Falta pouco para não precisarmos mais de nós mesmos. Se haverá bons frutos dessa mudança, não sabemos. Estamos no meio de um enorme ponto de interrogação, vendo os direitos trabalhistas conquistados no século XX desabarem, preocupados em agarrar a última boia antes que o barco afunde.

Muitos empregos vão deixar de existir. Será gente a mais para tanta inteligência artificial. Domenico de Masi acha que vai ser bom. Que teremos muito tempo livre, e a sociedade tem que pensar maneiras de nos fazer lidar com essa novidade. É um otimista. Eu também seria, se o Brasil assegurasse educação e saúde públicas de qualidade. Se não tivéssemos que garantir o nosso no fim do mês. Mas oxalá ele esteja certo. Torço sempre pelo melhor dos mundos.

E o melhor dos mundos na minha cabeça é esse mesmo, cheio de tempo livre para todos. Sou a maior fã do ócio. Sem ele, nos tornamos burros. Só o ócio nos permite uma experiência qualitativa do tempo, enquanto a pressa, o preenchimento ansioso das horas, nos tira essa possibilidade. O tempo corrido nos engole, nunca conseguimos flutuar sobre ele, suspendê-lo. Difícil respirar assim.

É por isso que, na contramão desse mundo veloz, eu continuo acreditando na literatura. Daí meu entusiasmo quando recebi um telefonema, em abril de 2014, do Robinson Borges, editor do caderno "Eu&Fim de Semana", do *Valor Econômico*, me convidando para assinar uma coluna quinzenal. Imaginem o mundo acabando e eu escrevendo sobre literatura? Quase uma sobrevivente num desastre aéreo. Ou uma sobrevivente no fim do mundo mesmo. E sobreviver é estar aqui para contar como foi.

Ter um espaço grande num jornal para falar de literatura é um luxo nos dias de hoje. E uma alegria enorme para quem escreve. A alegria de compartilhar com os outros o prazer, a dor, a felicidade, a reflexão que nos proporciona um livro. E também uma forma de entender melhor nós mesmos, o outro e a realidade.

Conforme determinadas situações iam explodindo, eu escrevia sobre elas: os atentados em Paris, o impeachment da Dilma, as crises econômica e política no Brasil, a guerra na Síria, tentando sempre compreender para onde caminhamos. Tentando, contra os fatos, não ser pessimista. Até porque, em março de 2015, pouco menos de um ano após aceitar o convite para escrever no *Valor*, eu fiquei grávida.

Vários clichês sobre a maternidade se desfazem quando nos tornamos mães. Mas há um que permanece: olhamos para aquela criatura pequena, aparentemente frágil, e nos enchemos de esperança. Parece que tudo ganha um sentido. Tudo menos o fim do mundo. Eu só pensava: o mundo não pode acabar justo agora que eu vou ter um filho. E tem que ser melhor do que tem sido até hoje.

Só então entendi o que é lutar por um mundo melhor — não apenas para nós, mas sobretudo para nossos filhos. E, para mim, essa luta se concretiza no ato de escrever. Isso não significa fazer uma literatura engajada. A literatura é justamente o espaço da liberdade. Nela, podemos falar do mundo contemporâneo ou não, podemos falar de política ou não, podemos ser lógicos ou não, podemos fazer o que nos der na telha — e isso será sempre político. Há uma política da escrita que diz respeito à liberdade.

E a liberdade não é o que deveria almejar toda política? Não foi em nome dela que o Ocidente travou tantas guerras, matou tanta gente? Não foi pela liberdade que escolhemos a democracia? E agora a democracia surge para tantos intelectuais como um projeto falido. A democracia não está dando certo, dizem. Mas, se não ela, o que então?

Eu acredito, acima de tudo, na liberdade. É claro — e nós sabemos disto há muito — que ela não existe em sua plenitude. A minha liberdade termina quando começa a do outro, dizia Sartre. Mas liberdade é também isso, abrir-se para o Outro — gesto que a literatura faz como ninguém. Por isso uma política mais justa passa também por uma política da leitura. Quanto mais leitura houver, mais abertos estaremos para o outro, para a diferença. Menos reacionários haverá entre nós.

Há um desânimo, é verdade. Uma sensação de que chegamos ao fim da estrada. De que os valores pelos quais o Ocidente tanto lutou falharam. De que somos incapazes de pôr em prática o respeito à diferença, conviver com quem não nos seja familiar. Mas há também uma revolta, um desejo de luta como eu, nos meus 38 anos de vida, nunca havia presenciado. Querem movimento mais bonito do que as milhares de mulheres indo para a rua no mundo inteiro lutando contra a violência, por uma sociedade menos machista? Ou dizendo não ao Trump um dia após a sua posse?

Apesar da existência cada vez mais acentuada do mundo virtual, ainda é com a nossa presença física que a realidade acontece em seu esplendor. O corpo ainda não foi substituído, e não sei o que vai ser de nós se um dia isso acontecer.

Aliás, sei muito pouco. Sabemos pouco desse mundo por vir, desse mundo que já começou, mas que não conseguimos nomear. Se este é sempre o melhor dos mundos possíveis, como afirma Leibniz, o mundo que vem por aí tem que ser ainda melhor. Só não sei como. Os textos que aqui reúno — quase todos publicados na minha coluna do *Valor* entre

maio de 2014 e janeiro de 2017, revistos e modificados, e alguns iné-
ditos — trazem essa inquietação, assim como o desejo de que, mesmo
acabando, o mundo não acabe.

Optei por dividi-los em três partes.

Na primeira, reúno aqueles que abordam temas mais ligados ao
presente, tais como a eleição de Donald Trump, a de Crivella, as decapitações jihadistas, o Brexit, a violência contra a mulher. Tento ver de
que forma a literatura, a filosofia e a antropologia podem nos ajudar a
interpretar o mundo de hoje.

Na segunda, o foco se volta para a questão da História. Porque nós
mesmos nos autodenominamos um povo sem memória, busco mostrar
como todo presente traz consigo vestígios do passado. A literatura muitas
vezes aborda uma memória que os Estados teimam em esquecer, como
a ditadura militar no Brasil, o massacre dos armênios pelos turcos ou a
vida nas antigas colônias europeias.

Na terceira, me permito um voo mais imaginativo pelos mundos fundados pela literatura. A literatura tem o poder de nos tirar deste mundo,
nos levar para outro — tão real quanto este — e ainda nos trazer de
volta transformados. É desse poder mágico, desse modo de existência,
que falam os textos que concluem este livro.

Nem tudo o que é velho é ruim. Nem tudo o que é novo é bom. Já
previmos o fim do livro, o fim da literatura. Pode até ser que acabem
um dia. Mas, por ora, gosto de pensar que o livro digital não substituiu
o livro físico e, mais ainda, que há e haverá sempre leitores resistentes.
O meu coração pula de alegria toda vez que abro a porta do quarto do
meu filho e o encontro compenetrado, o olhar atento, segurando um
livro, mesmo que de cabeça pra baixo.

Pode ser que em breve a humanidade não veja a menor graça nisso,
em apreciar imagens que não se movem, ler palavras que contam uma
história. Se me perguntarem a minha opinião, vou dizer que acho triste,
muito triste. E da minha parte faço o que posso para que a literatura não
morra. Não só escrevendo os meus romances, mas também escrevendo
sobre os livros dos outros, a maior fonte de prazer e inspiração para
quem escreve.

Acredito que viveremos num mundo melhor. E que nesse mundo melhor haverá leitores. E haverá literatura. Muita gente dirá que nem vale a pena pensar nisso, que sou utópica, e a utopia, assim como a democracia, é um conceito falido. Mas aí eu pergunto: se não formos utópicos, como sobreviver? Se não acreditarmos no melhor dos mundos, de que vale estarmos aqui?

PARTE I:

Tudo nos leva a crer que sim

Tempos de crise

Na última vez que o Brasil sofreu uma crise financeira tão profunda, eu era uma criança. Aliás, vivi a infância toda em crise, com uma inflação que fazia com que no início da semana eu pudesse comprar um cachorro-quente e uma Coca-Cola na hora do recreio e, no fim da mesma semana, eu tivesse que escolher entre um ou outro. Andávamos com várias notas para comprar qualquer coisinha. Vieram daí os versos da tão cantada música de Beth Carvalho: "de que me serve um saco cheio de dinheiro, pra comprar um quilo de feijão?"

O pior chegou com o Plano Cruzado. Ainda me lembro da televisão ligada dia e noite nas minhas duas casas, o desespero tomando conta da minha mãe e do meu pai. Eu e minha irmã, claro, só pensávamos em coisas bem imediatas: não poderíamos comprar mais tantas figurinhas, tantos brinquedos, tanto biscoito de chocolate. O símbolo maior dessa época, do qual rimos até hoje, era o guardanapo dividido ao meio. Cada folha tinha que render para duas pessoas. Hoje, diriam que é ecológico. Eu tenho amigos que nem usam mais guardanapos, para salvar as árvores. Naquela época, era sinal de decadência.

Mas as crianças inventam sempre uma forma de transformar as dificuldades em brincadeira. Eu e minha irmã nos divertíamos vendo quem conseguia cortar o guardanapo com maior precisão, sem sair da linha de marcação, sem rasgá-lo. Assim o tempo foi passando, e, quando nos tornamos adultas, já não havia crise na classe média (de certa forma, o Brasil está sempre em crise, mas começou a haver certa estabilidade econômica, sobretudo para os que tinham algum poder aquisitivo).

Agora, pela primeira vez, sinto que os próximos tempos poderão ser realmente difíceis. Todos os dias vejo amigos demitidos, empresas fechando. Também pela primeira vez, tenho um bebê na barriga. Quando surge a angústia de que a crise seja longa e meu filho passe a infância no meio dela, tento sempre me lembrar da história do guardanapo e me dizer que criança não precisa de tanto para ser feliz. Basta um pouco de imaginação e muito amor. Mas, ao mesmo tempo, agora entendo como preocupação de mãe é diferente de preocupação de filho. E foi esse sentimento que me levou à leitura de *Um holograma para o rei*, novo romance do americano Dave Eggers.

Em 2010, em plena recessão nos Estados Unidos, Alan Clay, outrora um bem-sucedido executivo, voa para a Arábia Saudita na tentativa de fechar um contrato que poderá salvá-lo de suas enormes dificuldades financeiras e emocionais. Deve dinheiro a várias pessoas, colocou a casa à venda, convive com o fantasma do amigo que ele viu se afogar no lago ao lado de onde mora e, o pior, já não tem dinheiro para continuar pagando a faculdade da filha. Seu mundo desabou, e é esse o motivo de sua ida à Cidade Econômica Rei Abdullah, mais conhecida pela sigla CERA, uma cidade em início de construção, em pleno deserto. Em outras palavras, a chance de uma nova Dubai, o lugar perfeito para se vender a tecnologia de ponta da Reliant: um sistema de teleconferências holográficas.

Alan é o escolhido para representar a empresa porque, anos antes, em outra situação profissional, conheceu o sobrinho do rei e, no mundo árabe, contatos na família são fundamentais. Se tudo der certo, Alan vai voltar com meio milhão de dólares para casa e resolver todos os problemas que o abalam. A universidade de Kit é muito boa e muito cara, e ela não merece interromper os estudos por uma incompetência do pai. Alan está ansioso, mal dorme, perde o horário, não consegue se impor diante dos jovens que lá estão para ajudá-lo. É tudo ou nada, as últimas fichas que ele tem ao seu dispor.

O romance se constrói como uma espécie de *Esperando Godot* contemporâneo, em plena Arábia Saudita, tendo como pano de fundo o dinheiro gerado pelo petróleo, as construções de arranha-céus gigantes, a opressão da mulher no mundo islâmico, o barateamento da mão de obra na China. Resumindo, o capitalismo desenfreado ao qual chegamos, misturado com a estranha opressão religiosa. Na tenda montada no meio do deserto, os representantes da Reliant aguardam a visita do rei, que definirá se a empresa — apontada como favorita — será a representante da tecnologia na CERA. Um rei que não aparece há muitos meses, e que ninguém sabe quando virá. Nem se virá.

Nessa espera que parece interminável, Alan encara seu passado, o que o tornou o homem de hoje, deprimido, sem vitalidade, que mal consegue levar uma mulher para a cama, seja a bela dinamarquesa Hanne ou a Dra. Hakem, a médica que realiza a extração de um cisto no seu pescoço. O cisto que condensa sua angústia, o câncer que ele imagina que irá destruí-lo aos poucos, o pinçamento no nervo que justifica suas insônias, seus medos, sua inabilidade emocional. Alan é o resultado daquilo que fez ao longo dos anos, assim como a crise financeira é o resultado do mundo que ele mesmo ajudou a erguer.

Durante anos, trabalhou na Schwinn, uma tradicional fabricante de bicicletas estabelecida em Chicago. Foi sua a ideia de começar a fabricá-las em Taiwan. Quando isso aconteceu, muitos anos antes da viagem à CERA, seu pai previu tudo o que iria acontecer: "brinquedos, aparelhos eletrônicos, móveis" passando a ser feitos na Ásia. Agora, até as pontes da Califórnia são construídas na China. Agora, Alan "está na Arábia Saudita vendendo um holograma para os faraós". Onde fomos parar? O que fizemos de nós mesmos? Que mundo é esse que construímos? O que nos restará dele?

Essas são algumas das perguntas que perpassam o livro, numa angústia crescente que nos faz pensar na nossa responsabilidade pelo estado atual das coisas. Alan é refém da civilização que ele próprio ajudou a fundar: a do capitalismo desenfreado, em que o enriquecimento vale mais do que qualquer coisa. Por isso, a China, o Vietnã, a Índia se tornaram produtores do que consumimos. Num primeiro instante, para baratear a produção de bicicletas como a da fábrica para a qual Alan trabalhava. Num segundo, para competir com ele, destruí-lo pela lei da oferta e da procura.

Foi esse o buraco que Alan cavou sob os próprios pés. Agora, depende da boa vontade de funcionários que nunca aparecem para consertar o ar-condicionado e o wi-fi da tenda. Sua vida está nas mãos de um rei idoso que botou na cabeça a ideia de erguer uma cidade ultramoderna num país tão contraditório e conservador quanto a Arábia Saudita, onde não se pode beber mas sempre se bebe, onde as mulheres não podem trair os maridos mas dão sempre um jeitinho (toda mulher saudita tem um segundo celular, comenta Yousef, motorista e seu único amigo no deserto).

Se, em vez de se preocupar somente com o enriquecimento individual, aqueles que, como Alan, correm atrás do lucro imediato também pensassem no bem comum, provavelmente não estariam preocupados em pagar a universidade dos filhos em momentos de crise. Não teriam que aterrissar numa cidade no meio do nada para pagar as contas. Isto é, sem dúvida, o que mais me entristece no Brasil: por que, nas últimas décadas da tão falada estabilidade econômica, não conseguimos investir em educação e saúde públicas de qualidade? Só assim uma mãe e um pai poderiam sentir tranquilidade ao ter seus filhos em tempos de crise.

Enquanto lia o romance de Dave Eggers — que é muito bom pelas questões que suscita, mas nem tão bom em termos literários —, eu me colocava várias perguntas: Será que milhares de brasileiros, de diferentes classes sociais, vão ter que sair do país, como aconteceu na década de 1980? Será que teremos que nos aventurar em projetos de cidades no meio do deserto árabe em busca do dinheiro do petróleo para pagar a escola de nossos filhos? Até quando vamos esperar por uma boa educação e uma boa saúde pública, nossos eternos Godots?

9 de outubro de 2015

A dor dos outros

O atual espetáculo jihadista de decapitação que se espalhou pela internet me levou ao livro *Diante da dor dos outros*, de Susan Sontag. Nele, a autora percorre um trajeto histórico da representação visual de diferentes guerras, buscando uma forma de torná-la não apenas um estímulo de comoção diante da perversidade humana, mas, sobretudo, de pensamento. De nada adianta o choque da imagem se não formos levados a questionar o nosso papel como espectador.

Em fevereiro de 1968, Eddie Adams tirou uma fotografia de um suspeito vietcongue sendo assassinado à queima-roupa pelo chefe da polícia nacional sul-vietnamita, Nguyen Ngoc Loan. A foto foi encenada pelo próprio general, que levou o prisioneiro até onde os jornalistas estavam reunidos e ainda escolheu o melhor ângulo para o ato ser registrado. Sontag afirma que "Loan não teria cumprido a execução sumária ali, se eles não tivessem dispostos a testemunhá-los". A descrição desse acontecimento logo me fez pensar nas decapitações recentemente disseminadas pela internet. Será que, se não houvesse espectadores, ainda haveria as mortes desses reféns? Ou será que as decapitações são produzidas justamente para serem vistas? E, se assim for, em que medida a nossa situação de espectador pode ser classificada como indecente?

O que os jihadistas vêm fazendo, de forma muito perspicaz, é personificar a morte. Uma bomba, para quem vê sua explosão de longe, faz números, não mata seres humanos individuais. Quando, ao contrário, anuncia-se com antecedência uma decapitação, a mídia logo trata de divulgar idade, profissão e situação familiar da vítima, concedendo humanidade a quem será executado. Conquista-se, assim, o olhar dos espectadores e, com ele, a comoção, o apelo pela paz ou o desejo de vingança.

Nas primeiras guerras registradas pela fotografia — a Guerra da Crimeia e a Guerra Civil Americana — o combate estava fora do alcance das câmeras. As fotos de guerra mostravam o momento posterior, a devastação, os cadáveres empilhados, os destroços dos prédios. Foi preciso esperar alguns anos para o aprimoramento do equipamento profissional — câmeras leves com filmes de 35mm que podiam tirar 36 fotos antes de ser recarregadas — tornar possível o registro no calor da batalha. A Guerra Civil Espanhola foi a primeira a ser testemunhada por fotógrafos nas linhas de frente. As imagens logo chegavam aos jornais e às revistas do mundo, levando para os lares a dor dos outros. O mesmo ocorreu, de forma mais intensa, durante a guerra do Vietnã, em que as imagens já passavam na televisão, apresentando "à população civil americana a nova teleintimidade com a morte e a destruição". Para quem não esteve no campo de batalha, a compreensão da guerra passa, necessariamente, pelo impacto dessas imagens.

Graças à fotografia, o que poderia ser apenas fruto da fantasia ou do exagero de quem lá esteve ganha contornos reais. Ninguém questiona a sua autenticidade. Se ela existe é porque o fotógrafo presenciou a cena e disparou a máquina. O real salta do papel, encurta as distâncias, leva para a linha de frente quem nunca saiu de casa. A guerra se torna horrível mesmo para aqueles que não a testemunharam *in loco*. Esse poder da fotografia ganha contornos mais acentuados em 1945, com o fim da Segunda Guerra Mundial e os registros feitos nos campos de concentração e nas cidades de Hiroshima e Nagasaki. A partir de então, jornais e revistas começam a orientar o trabalho como uma "caçada de imagens mais dramáticas", que "constitui uma parte da normalidade de uma cultura em que o choque se tornou um estímulo primordial de consumo e uma fonte de valor". A fotografia passa a ser utilizada na construção da narrativa histórica — já que uma foto, como diz o ditado, vale mais do que mil palavras.

No entanto, é importante destacar o caráter de encenação da fotografia e, mais recentemente, do vídeo. Muitas das fotos mais conhecidas, entre elas algumas da Segunda Guerra, foram encenadas. As de vitória, por exemplo, com as bandeiras hasteadas, foram tiradas depois do momento propriamente dito. O estranho, no ponto de vista de Sontag, não é que tantas fotos jornalísticas do passado tenham sido encenadas. "O estranho é que nos surpreenda saber que foram encenadas e que isso sempre nos cause frustração." Não gostamos nada de descobrir que uma imagem — sobretudo de amor ou de morte — foi criada artificialmente. Saindo do campo da guerra, temos o exemplo da famosa foto de Robert Doisneau em que um casal se beija na rua em Paris. A revelação de que foi uma encenação dirigida provocou grande decepção naqueles que "a tinham como uma imagem venerada do amor romântico e da Paris romântica". Além da encenação, outro fator fundamental da fotografia é a manipulação. Ao contrário do que se imagina, ela precede em muito o advento da era digital e de programas como o Photoshop. "Para os fotógrafos, sempre foi possível adulterar uma foto", lembra Sontag.

Segundo a ensaísta norte-americana, a partir da Guerra do Vietnã, as fotos mais afamadas deixam de ser encenações. Hoje, diz ela, embora as possibilidades de retocar e manipular a imagem sejam quase ilimitadas, "o costume de inventar dramáticas fotos jornalísticas, encená-las para a câmera, parece em via de se tornar uma arte perdida". Não estou muito segura disso. Um amigo fotógrafo me contou um fato curioso. Recentemente, ele acompanhou o Batalhão de Operações Policiais do Rio de Janeiro (Bope) numa favela pacificada, ao lado de um jornalista de um importante canal televisivo internacional. Não houve troca de tiros nem outro tipo de violência. No entanto, o repórter pediu para os policiais passarem correndo de um lado para o outro, fingindo estarem numa operação, enquanto ele falava, agachado, apressado, em tom de desespero, como se estivesse num campo de batalha. Portanto, ainda hoje, muitas das imagens de guerra são encenadas. E são essas encenações que se convertem em testemunho histórico, "ainda que de um tipo impuro — como a maior parte dos testemunhos históricos".

Não deixa de ser curioso pensar que aquilo que tomamos como verdade absoluta — o caráter real da imagem — seja, muitas vezes, fruto de uma disposição artificial. Hoje, por mais que as possíveis manipulações aticem a nossa desconfiança, continuamos a acreditar na veracidade das imagens, até porque elas só existem se houver a presença da câmera.

Por isso, os vídeos das decapitações foram tão largamente vistos em diferentes lugares do mundo. E quem os concebeu conhece o impacto que uma imagem pode gerar, a sua capacidade de levar o espectador até o instante da morte — experiência que atrai pelo horror. Impossível negar a curiosidade humana em olhar a dor dos outros.

A questão que se coloca é: o que fazer depois de flertar com a morte? Sontag nos lembra da maravilhosa sequência de água-forte de Goya, "As desgraças da guerra", em que ele retrata as atrocidades cometidas pelos soldados de Napoleão ao invadirem a Espanha. Aqui, a guerra não é um espetáculo. "A arte de Goya, como a de Dostoiévski, parece representar um ponto crucial na história dos sentimentos morais e da dor", afirma Sontag. Embaixo de cada imagem, o pintor escreveu uma frase que insistia na dificuldade de olhar para o que estava representado. Não se pode olhar, diz uma. Isto é ruim, diz outra. E ainda: Isto é pior! Isto é o pior! Bárbaros! Que loucura! É demais! Por quê?

Pois é, Goya, por quê? Pergunta tão simples, tão pueril, que, no entanto, deve acompanhar cada imagem do horror, seja dos americanos invadindo o Vietnã ou o Iraque, da troca de tiros entre a polícia e os bandidos nas nossas favelas, seja dos jihadistas decapitando reféns. Em qualquer caso, a boa representação da guerra deve sempre renovar o seu objetivo inicial: convocar-nos à reflexão. Queremos isso mesmo? Por quê?

10 de outubro de 2014

Trump ou: a banalidade do mal

De vez em quando, entre uma brincadeira e outra, uma fralda e outra, um sorriso e outro, eu lembro que Trump foi eleito presidente dos Estados Unidos da América e que meu filho vai crescer num mundo bem diferente do que um dia sonhei. Não pensei que fosse ver, nem nos EUA, nem na Inglaterra, nem na França, nem no Brasil, o crescimento de uma visão centrada na "superioridade" do homem branco. Achei que essa tese já tivesse caído, que a humanidade já tivesse entendido, e aprendido a amar, a sua diversidade. Mas não. Basta aparecer alguém como Trump, uma subcelebridade milionária, para muitos americanos se sentirem à vontade em manifestar o desejo por um país exclusivamente branco.

É assustador o vídeo, divulgado recentemente, da reunião anual do grupo Instituto Nacional de Política (NPI, sigla em inglês) em que seu presidente, Richard Spencer, clama por uma limpeza étnica. Diante de quase trezentos participantes, ele grita: *"Hail Trump! Hail our people! Hail our victory!"* Alguns estendem o braço direito, a mesma reverência nazista. E o discurso se estende, tenebroso do início ao fim. Ouvimos coisas como "ser branco é ser um cruzado, um explorador, um conquistador". Quantos séculos regrediram esses homens? Será que esqueceram que os Estados Unidos foram fundados sob a violência desses conquistadores e não graças a ela?

Trump já anunciou que vai expulsar imediatamente entre dois a três milhões de imigrantes ilegais. Quer se ver livre dos latino-americanos, dos negros e, sobretudo, dos muçulmanos. Quer embranquecer um país que se iniciou como *melting pot*. Um país que não é branco nem nunca foi. Um país que deve a sua criatividade e a sua liberdade à sua mistura. Os Estados Unidos não são só de brancos, como a Península Ibérica que expulsou mouros e judeus não era só de cristãos, como a Alemanha dos anos 1930 não era só de arianos. Mas o racismo se espalha, a xenofobia, a homofobia, a misoginia. E aí é impossível não nos lembrarmos dos horrores nazistas e da reflexão de Hannah Arendt sobre a banalidade do mal.

Época em que homens brancos levantam o braço direito para saudar homens brancos é época de se ler Hannah Arendt. E com urgência. O mal está sendo feito diante de nós, os ultranacionalistas da chamada direita alternativa americana (*alt-right*) estão muito confortáveis com a eleição de Trump. Precisamos refletir sobre o que está acontecendo, em vez de repetirmos que não há nada de grave, há sempre alguém para impedir o mal. Ler, reler *Eichmann em Jerusalém, Homens em tempos sombrios, A vida do espírito* e *Origens do totalitarismo* pode ser um bom início de conversa, uma boa forma de entender duas coisas essenciais nestes tempos que, infelizmente, têm se mostrado também sombrios: 1. "O mal não possui nem profundidade nem dimensão demoníaca. Ao contrário do que se diz, ele nunca é radical, mas pode ser extremo. Propaga-se como um cogumelo, e por isso pode invadir tudo e destruir o mundo inteiro precisamente porque ele se propaga como um cogumelo. (...) Esta é a sua banalidade." 2. Ao contrário do que nos faz pensar a decadência política atual, inclusive no Brasil, a liberdade é a razão de ser da política.

No livro *Hannah Arendt: pensadora da crise e de um novo início*, Eduardo Jardim articula com muita clareza essas e outras questões na vida e na obra de Hannah Arendt, elucidando o contexto que a levou a criar seu modo de pensar, sua coragem de enfrentar as críticas que a certa altura caíram de todos os lados. O ensaio de Jardim nos ajuda a fazer relações entre seus mais diversos textos, a perceber um pensamento sempre em construção e a refletir sobre os dias de hoje.

Comecemos pelo julgamento de Eichmann em Jerusalém, ao qual Arendt assistiu como correspondente da revista *New Yorker*. Como se sabe, Arendt nasceu na Alemanha em 1906 e escapou do nazismo porque fugiu a tempo. Eichmann, por sua vez, foi o oficial da SS responsável pela deportação de judeus para os campos de extermínio do Leste europeu. Depois da guerra, ele se escondeu na Argentina, de onde foi levado pela polícia secreta israelense para seu julgamento. Arendt tinha razões emocionais para querer estar presente nesse ato. E foi ao ouvi-lo que desenvolveu sua teoria sobre a banalidade do mal.

Segundo ela, os crimes dos nazistas eram hediondos, mas sua motivação era banal. Afirma Jardim: "Eichmann e outros criminosos nazistas não foram motivados por qualquer ideologia, como o antissemitismo ou o racismo, e tampouco estavam pressionados por sentimentos de ódio ou de desprezo pelos judeus. Eles obedeceram às ordens para matar, sem nunca pretender questioná-las." O traço principal da personalidade de Eichmann não era a estupidez, mas a incapacidade de refletir sobre os acontecimentos. Este é o perigo do mal: a facilidade com que se alastra justamente por evitar o pensamento. Existe uma relação entre "praticar o mal e a incapacidade de empenhar-se na atividade de pensar".

Em *Origens do totalitarismo*, ela defende que, quando as estruturas políticas tradicionais foram destruídas, o antissemitismo e o racismo vieram à tona e se cristalizaram na experiência totalitária. Para Arendt, "não fazia sentido definir a natureza dos regimes nazista e estalinista recorrendo a noções como ditadura, tirania e autoridade, que remontavam aos primórdios do pensamento político ocidental". Os movimentos totalitários tiveram sucesso porque souberam aproveitar o vazio deixado pela falência da autoridade.

O nazismo e o estalinismo se firmaram graças à existência das massas, dessa população homogênea formada por homens solitários. O totalitarismo apareceu para essas pessoas como uma possibilidade de fuga. "Subitamente", escreve Jardim, "uma população deixava de lado sua apatia e marchava na direção de onde vinha a oportunidade de expressar o seu ressentimento". Será isso o que estamos vendo agora?

O ressentimento pode fazer coisas terríveis quando não é transformado. Daí a importância de nos afastarmos do mal, ou melhor, de nos aproximarmos do pensamento. Foi por conta do ressentimento da política que a liberdade passou a ser vista como dissociada dela, quando, em realidade, é seu próprio sentido. O fato de os regimes totalitários terem se firmado pelo aparato estatal fez com que a liberdade passasse a ser vista como o oposto da política. Seria preciso resistir à pressão da política para preservar as liberdades econômica, de pensamento e da esfera privada. Arendt surge para dizer que é justamente o contrário: a razão de ser da política tem que ser a liberdade.

Eduardo Jardim nos lembra de que, na Grécia e em Roma, "a liberdade dizia respeito estritamente à vida política. Mais precisamente, ela era considerada sua essência". Para os antigos, ser livre significava sair da proteção da vida doméstica e entrar num mundo em que estabeleciam contato com os outros, por meio de palavras e da ação. A liberdade "era uma qualidade do 'eu posso', e não, como pretendeu mais tarde o cristianismo, do 'eu quero'". Para os gregos e os romanos, estava relacionada à política, e não aos dramas da vontade, que são da ordem da moral.

Os homens brancos do NPI que desejam sair de casa e esbarrar apenas com homens brancos não querem sair de sua proteção doméstica, não querem encontrar os outros, o Outro. Não entendem o que é liberdade e como ela está atrelada à política. Levantam o braço direito contra os que são diferentes, contra seu próprio país, formado por uma enorme diversidade de origens e culturas. Foram os Estados Unidos que receberam Hannah Arendt depois de seus anos na França. Ainda são os Estados Unidos um país em que se fala abertamente, em que se contrapõe. Um país de escritores como Melville, Hemingway, Faulkner, Bishop.

No célebre artigo "Bartleby, ou a fórmula", Gilles Deleuze diz que o americano é aquele que se libertou da função paterna inglesa, é o filho de um pai reduzido a migalhas. Sua vocação não consiste em reconstruir um velho segredo de Estado, "uma nação, uma família, uma herança, um pai, mas, antes de tudo, em constituir um universo, uma sociedade de irmãos, uma federação de homens e de bens, uma comunidade de indivíduos anarquistas, inspirada em Jefferson, em Thoreau, em Melville". Em "Redburn", Herman Melville diz que "não se pode verter uma única gota de sangue americano sem derramar o sangue do mundo inteiro. (...) Somos os herdeiros de todos os séculos de todos os tempos, e nossa herança, nós a partilhamos com todas as nações". Convoquemos Melville neste terrível momento, convoquemos seu escrivão Bartleby que, mesmo catatônico e anoréxico, é, segundo Deleuze, o médico de uma América doente. Vamos pedir a Bartleby que trate os participantes do NPI, que trate Trump, os membros da Ku Klux Klan e todos aqueles que acreditam que o verdadeiro americano é o homem branco superior.

Publicado com o título "O mal está sendo feito diante de nós", em 9 de dezembro de 2016

Onde temos razão não podem crescer flores

Enquanto escrevo esta coluna, os principais jornais do mundo anunciam o início de uma trégua de 72 horas entre Israel e Palestina. Quando ela for publicada, o cenário já será outro. Sem sorte, os ataques terão sido retomados, de ambos os lados. Com sorte, a trégua terá se prolongado, o cessar-fogo se concretizado. Mas, infelizmente, não me parece provável que em tão pouco tempo a paz esteja reinando na região, nem que o Estado palestino tenha sido criado, nem que suas terras ocupadas tenham sido devolvidas, nem que Israel tenha sido reconhecido pelo Hamas. Portanto, o pequeno livro *Contra o fanatismo*, de Amós Oz, continuará sendo leitura obrigatória para quem quiser entender um pouco mais o conflito que se arrasta há mais de seis décadas no Oriente Médio. Mas não só: trata-se de um livro para todos os que se interessam pela natureza do fanatismo, em pequena ou grande escala.

As três conferências reunidas no livro foram proferidas no Fórum de Literatura da Universidade de Tubingen, na Alemanha, em 2002, poucos meses após o atentado às Torres Gêmeas, mas continuam profundamente atuais. Amós Oz, escritor israelense de algumas obras-primas, como *A caixa preta* e *O mesmo mar*, e ativista político, expõe algumas de suas reflexões sobre a natureza do fanatismo e, em seguida, aprofunda o conflito entre Israel e Palestina. Vou fazer o contrário: começar pelo conflito, para em seguida chegar ao fanatismo.

Tomarei como ponto de partida, mais precisamente, algumas das reações que tenho visto se proliferar na internet — em comentários nos sites de jornais, blogues ou Facebook — e que me parecem extremamente nocivas. Falo mais especificamente daquelas que revelam um ódio assustador aos israelenses, e aos judeus em geral, e daquelas que, do outro lado, revelam um ódio igualmente assustador aos palestinos, e aos árabes em geral. Ódios esses tomados de clichês e reducionismos que não contribuem em nada para o que deveria ser o único objetivo da região: a paz. Todos os que bramem essa raiva deveriam ser obrigados a ler o livro de Oz, que enfrenta algumas das certezas inquietantes que se espalham por aí.

Em primeiro lugar, o conflito israelense-palestino não é tão linear quanto pode parecer. Embora a principal preocupação dos ocidentais bem-intencionados seja definir quem é o bom e quem é o mau da fita, a verdade é que não se trata de um filme de faroeste. "Não é uma luta entre o Bem e o Mal, mas antes uma tragédia no sentido mais antigo e rigoroso do termo: um choque entre quem tem razão e quem tem razão, um choque entre uma reivindicação muito convincente, muito profunda, muito poderosa, e outra reivindicação muito diferente, mas não menos convincente, não menos poderosa, não menos humana", define Oz, com precisão. Os palestinos estão na Palestina porque essa é a única pátria do povo palestino, assim como os judeus israelenses estão em Israel porque como povo, como nação, é o único país a que podem chamar de seu. Os palestinos foram expulsos de suas terras, perderam territórios ocupados por Israel, assim como foram rejeitados pelos libaneses, sírios, iraquianos e egípcios. Sobre os judeus, Amós Oz nos conta que, quando criança, seu pai via as ruas da Polônia cobertas de inscrições como "Judeus, vão para a Palestina!" Cinquenta anos depois, quando ele regressou à Europa, os muros estavam cobertos de inscrições: "Judeus, fora da Palestina!"

A questão é que, ao contrário do que pensam os fanáticos, nem os palestinos, nem os judeus têm que ir embora. Ao contrário do que pensam os fanáticos, não existe um mal-entendido essencial entre palestinos e israelenses nem entre árabes e judeus. Trata-se de uma disputa pela terra. Uma disputa dolorosa, legítima para ambos os lados, que tem num acordo a única saída possível. Mas acontece que o fanatismo de um lado e de outro termina por ofuscar a palavra e o papel, fazendo com que as armas se tornem o grande motor do conflito, perpetuando décadas de confronto.

Segundo Oz, o fanatismo nasce com a adoção de uma atitude de superioridade moral que impede a obtenção de consensos. Sua essência reside no desejo de obrigar os outros a mudar, de "melhorar o vizinho, de corrigir a esposa, de fazer o filho engenheiro ou de endireitar o irmão, em vez de deixá-los ser". Nesse sentido, o fanático é um ser generoso, altruísta: está mais interessado nos outros do que em si próprio, quer nos salvar, nos redimir, nos libertar dos nossos horríveis valores. Está na sua natureza ser muito sentimental e, ao mesmo tempo, ele carece de imaginação. Um dos possíveis remédios contra o fanatismo? Injetar imaginação nas pessoas.

Sammy Michael, outro escritor israelense, conta uma experiência que ocorreu com ele num táxi, quando o motorista afirmou que era importante, para os judeus, matar todos os árabes. Em vez de xingá-lo, Sammy Michael lhe perguntou: E quem você acha que deveria matá-los? Quem deveria fazer o trabalho? A polícia? O Exército? O corpo de bombeiros? O taxista coçou a cabeça e respondeu: "Cada um de nós devia matar alguns." Sammy continuou o jogo: Então cada um bate à porta de uma casa e pergunta se o outro é árabe, e, se for, dispara? E aí, vamos supor que, quando você for embora, você ouça o choro de um bebê. Você voltaria para matá-lo? Sim ou não? Ao que o taxista retrucou: "Sabe, o senhor é um homem muito cruel." A estratégia de Sammy é justamente injetar imaginação no taxista. Assim, ele se sente incomodado, e pode reduzir o fanático que há dentro de si. O mesmo tipo de pergunta deveria ser colocado ao ex-membro da inteligência militar de Israel que recentemente defendeu o estupro das mulheres palestinas. Ou à deputada israelense que defende a morte de todas as mães palestinas. Ou aos membros do Hamas que defendem a aniquilação do povo israelense.

Infelizmente, são esses fanáticos que conduzem a guerra, que sobrepõem as armas às palavras. Mas, aos que não concordam com essa atitude de destruição de si mesmo e do outro — sejam eles palestinos, israelenses, europeus, latino-americanos —, resta pensar, em vez de participar de um movimento de inflação do ódio. Contra o fanatismo, Amós Oz propõe ao menos duas soluções: senso de humor e capacidade de imaginar o outro. Ele afirma nunca ter conhecido um fanático com senso de humor nem uma pessoa com senso de humor se converter num fanático, a não ser que tenha perdido o senso de humor. Podem ser sarcásticos, mas não têm humor, porque humor "implica a capacidade de rir de si próprio. Humor é relativismo, habilidade de nos vermos como os outros nos veem".

O Outro é sempre a chave para se anular o fanatismo. Imaginar o que o outro sente, o que o outro sentiria, imaginá-lo quando lutamos, quando nos queixamos, e mesmo quanto acreditamos ter cem por cento de razão. Nesse sentido, a literatura, embora não seja a resposta, pode trazer um antídoto contra o fanatismo, visto que estimula a imaginação dos leitores. Em Shakespeare, por exemplo, toda a forma de fanatismo termina em tragédia ou comédia. Gogol faz os leitores tomarem consciência do pouco que sabemos, mesmo quando estamos convencidos de ter razão. Kafka revela como há trevas mesmo quando acreditamos não ter feito nada de mal. Yehuda Amichai afirma que "onde temos razão não podem crescer flores". Oz diz que "gostaria de poder receitar simplesmente: leiam literatura e ficarão curados do fanatismo. Infelizmente, não é assim tão simples".

A literatura pode não salvar, não pôr fim ao conflito entre esses dois povos, mas o acordo de paz só será possível se israelenses e palestinos conseguirem se colocar no lugar do outro. A Autoridade Palestina precisa proferir que Israel é a pátria dos judeus israelenses, por mais doloroso que isso seja. Tal como os judeus israelenses têm que dizer, alto e bom som, que a Palestina é a pátria do povo palestino, por mais inconveniente que isso lhes pareça. Vai doer para ambos, como num divórcio. Nenhum dos lados vai estar propriamente feliz. Todos terão que abrir mão de alguma coisa — Israel dos territórios ocupados, a Palestina de cidades que não voltarão a ser suas.

Em todo caso, a solução não está nas armas. Nem na opressão, na exploração, no derramamento de sangue, no terror, na violência. Por mais insatisfatório que seja, só um acordo trará a paz. Um acordo em que ambos os povos consigam se colocar na pele do outro. Imagino que possa haver leitores se dizendo que esta é uma posição pró-Israel; outros, que é pró-Palestina. Mas e se pensarmos nela como pró-Palestina e pró-Israel? E se todos aqueles que se manifestam sobre o Oriente Médio fossem a favor dos dois povos — será que não caminharíamos mais depressa em direção à paz?

15 de agosto de 2014

O reverso das palavras

Quando acontece algo de extraordinário na Turquia, para o bem ou para o mal, tendo a ficar particularmente tocada. Isso porque meus avós vieram de lá, de uma cidade chamada Esmirna. Não eram propriamente turcos, mas judeus sefarditas que se instalaram no Império Otomano depois de expulsos da Península Ibérica pela Inquisição. Permaneceram em Esmirna até virem rumo ao Brasil, na década de 1920. Portanto, cresci ouvindo falar da Turquia.

Lá estive pela primeira vez em 1998. Eu tinha 19 anos, e foi paixão à primeira vista. Depois, voltei com 26, em busca de material para meu primeiro romance. Por fim, com 32, para um festival literário. Das três viagens, voltei encantada com aquele país muçulmano e democrático, repleto de jovens na rua, música tocando por todo lado, um clima de festa e a liberdade de expressão que não encontramos em países em que a religião toma conta do Estado.

No entanto, na última vez, conheci pessoas que já falavam em atitudes autoritárias do governo, como tirar as mesas de bar das ruas durante o Ramadã e não voltar a pô-las após o fim do período religioso. Já estavam com medo de que a Turquia deixasse de ser aquele país fundado em ideais democráticos, com seu Estado laico, um pé na Europa e o outro na Ásia. Não sei se imaginavam tudo o que estaria por vir, nem as proibições, nem a resistência, nem o cerco. Tampouco a desestabilização da região, a guerra na Síria, os milhões de refugiados.

Desde 2013, época dos protestos de Gezi Park, o Partido da Justiça e Desenvolvimento (AKP, sigla em turco) tem revelado sua faceta mais autoritária, reprimindo dissidentes. Uma manifestação pacífica terminou por se tornar um confronto entre o governo e os que sentiam sua liberdade ameaçada. Mas o pior aconteceu mesmo no verão passado, quando, como reação ao golpe de estado, o governo demitiu mais de 125 mil trabalhadores públicos suspeitos de estarem envolvidos no golpe, fechou mais de cem organismos de comunicação e deteve centenas de jornalistas sob falsa acusação de terrorismo.

Resumindo, a situação não está nada fácil na terra dos meus avós. E para completar ainda há os ataques do Estado Islâmico, como o que matou 39 pessoas e deixou 69 feridas em plena noite de Réveillon. Esses ataques nos deixam tristes em qualquer lugar do mundo. No primeiro dia do ano, senti vontade de estar mais perto dos turcos, e foi por isso que procurei na estante algum romance turco que eu ainda não tivesse lido. A literatura tem o poder de nos levar para um lugar onde não estamos.

Lembrei que há cerca de um mês em Bordeaux, na livraria Mollat, a maior livraria independente da França e um paraíso para os bibliófilos, eu havia comprado o romance de uma escritora turca para mim desconhecida e, até onde sei, nunca publicada no Brasil: Asli Erdogan. Pus-me então a ler *Le Bâtiment de pierre* [A construção de pedra].

O livro fala de uma prisão de pedras. Sua escrita é onírica, poética. A voz é de uma mulher que, entre memória, sonhos e gritos, lembra-se dessa prisão, desse lugar onde o anjo é morto, onde as histórias existem, mas as palavras faltam. Dentro dela, militantes políticos, intelectuais, meninos de rua são excluídos do mundo lá fora, tornando a vida incompreensível. A mulher entra nesse mundo de terror e, uma vez de volta, sua voz se faz eco de um anjo, de um homem que lhe deixou seus olhos.

A narrativa — uma espécie de elegia — começa guiando visualmente o leitor para essa construção de pedra. Na rua que leva à prisão, há um café. A vida dos clientes desse café "é tão simples, tão banal, que, se quisermos contá-la, as palavras parecerão artificiais, pomposas". Na frente desse café, faça chuva ou faça sol, vive um homem, A., que caminha em círculos na órbita da prisão. Do outro lado, há um bar, que só aceita clientes assíduos. A voz passa por essa rua e chega até a construção, onde, entre tantas pedras, ela busca um pouco de verdade, "ou aquilo que, outrora, se chamava assim, mas que não tem mais nome". A verdade fala das sombras, com as sombras, e é por isso que essa voz vai falar "da construção de pedra, onde o destino se esconde numa esquina, onde observamos à distância o reverso das palavras".

Ela vai falar de homens, pedras, crianças, sonhos, gargalhadas, vai falar de A., do anjo, do terror, da inocência. Vai falar de um caminho sem volta.

A. conversa com as pedras, com as lajes impregnadas de umidade, de frio e da solidão noturna. Não encontrou ninguém que o escutasse, e foi por isso que aprendeu a conversar com as palavras, com os pássaros, o vento. Todas as ruas lhe pertencem, mas ele não vai a lugar algum. Permanece ali, dando voltas em torno da construção de pedra. Não mostra nenhuma cólera, como se tivesse entendido e perdoado tudo o que a narradora não entende nem perdoa. "A. foi um longo poema, um enorme poema sobre o homem, um poema interminável, hermético, ininterrupto. (...) Um poema que ninguém ouvia."

As crianças, por sua vez, parecem soldados vindos da guerra, um batalhão de feridos carregando os mortos nas costas, vencidos, cobertos de lama e sangue escuro. Aglutinadas umas contra as outras, "a cabeça baixa, o olhar fixo, elas passam sem dizer nada". Enquanto passam, o mundo inteiro faz silêncio, "prendendo a respiração, mudo e imóvel como num espelho", observando essas "crianças mutiladas, sem ousar olhá-las de frente". E de repente uma começa a cantar. Aos poucos, as outras a imitam. Por um instante, a infância brilha com uma intensidade que revela, apesar de tudo, a força de sua pureza O canto diz uma única coisa: "Deixem-me partir."

O anjo está retorcido, encurvado pelo sofrimento. Suas roupas estão rasgadas, sujas de terra e fuligem. A lama escorre de suas asas encharcadas formando poças à sua volta. Ele atravessou as trevas do mundo sem se dar conta se estava no meio dos vivos ou dos mortos. É a ele que a mulher se dirige tantas vezes: "Você me deixou seus olhos, para que eu pudesse ver a vida como um milagre", diz ela. E mais adiante: "Com seu último grito mudo, você me deixou o silêncio. *Você está pronta para voar?* Não, eu não estou."

Eu estava no meio da leitura do romance quando decidi procurar na internet quem afinal era Asli Erdogan, essa escritora tão potente, tão profundamente poética? Descobri, com tristeza, que às vezes a vida imita a arte. Que a dona daquela voz que fala ficcionalmente de uma prisão na Turquia havia sido presa no verão passado, acusada de propaganda a favor de "organização terrorista", "pertencimento a organização terrorista" e "incitamento à desordem". Seu crime real: ser colunista do jornal Ozgur Gundem, considerado próximo do Partido dos Trabalhadores do Curdistão, ou PKK.

Descobri também uma carta da prisão de Bakirköy, onde ela estava, um pedido de ajuda aos países democráticos, uma chamada de atenção ao que se passa na Turquia hoje. Nela, sob estado de choque, Asli Erdogan conta como a Turquia decidiu não respeitar suas leis. Diz ela: "Nosso governo atual quer monopolizar a 'verdade' e a 'realidade', e qualquer opinião minimamente diferente da do poder é reprimida com violência policial." Então, de repente, aquela escritora que havia descrito com tanta força o terror da prisão, da morte vista tão de perto, havia sido jogada, ela própria, numa cadeia, proibida de exercer a sua liberdade.

Mas nem só más notícias chegaram desse fim de ano na Turquia. Finalmente, descobri que, após 132 dias no inferno, Asli Erdogan havia sido solta, no dia 29 de dezembro de 2016, dois dias antes de a boate explodir em Istambul. Assim como a mulher do romance, ela entrou e saiu da prisão; ela viu o anjo morto, ela ficou com seus olhos, e aqui fora poderá nos contar o buraco que vivenciou. Como diz a narradora de *Le Bâtiment de pierre*, é um caminho sem volta. Quem vê o horror não tem mais escolha: passa a vida em busca da palavra certa. A palavra que nunca se encontra e que, mesmo que a encontrássemos, teríamos dificuldade em pronunciar. Eis o que nos diz a narradora, ao sair da construção:

"Traindo, nós fomos traídos pelo destino, permanecendo sãos, permanecendo escritores, nós alcançamos nossa única, nossa terrível vitória, e fomos totalmente vencidos. Nem na terra nem no céu houve algo parecido com o que vivíamos. Não tínhamos nem uma linguagem para contar, para lhe dar um nome! Mas nós queríamos contar? Nesse lugar devastado pelo incêndio, onde o pecado e a inocência estão há muito tempo misturados nas mesmas cinzas, que grito poderia encontrar um eco, receber uma resposta?"

20 de janeiro de 2017

A culpa tem dono

Recentemente, decidi reler *Desonra*, do sul-africano J. M. Coetzee. O romance é tão extraordinário quanto brutal, de uma violência desconcertante. Para ser sincera, não imaginava voltar às suas páginas tão cedo, tamanho o impacto físico e emocional que ele havia me provocado. Mas, estupefata diante da pesquisa divulgada no início deste ano pelo Ipea sobre a mentalidade brasileira acerca da violência contra a mulher, resolvi retornar, pelas mãos de Coetzee, à realidade de um país ao mesmo tempo tão diferente e parecido com o nosso.

O primeiro terço do romance gira em torno da relação de David Lurie, um professor de poesia Romântica, com sua aluna Melanie Isaacs. Tomado pela sua beleza e juventude, Lurie se deixa levar por um forte instinto sexual que o faz romper regras, ultrapassar fronteiras. Persegue a aluna até conseguir levá-la para a cama. Ela consente, mas em nenhum momento o leitor tem a sensação de que segue seu próprio desejo. Ao contrário, parece apenas tentar se livrar daquele professor que cismou com ela. Comenta o narrador: "Estupro não, não exatamente, mas indesejado mesmo assim, profundamente indesejado. Como se ela tivesse resolvido ficar mole, morrer por dentro enquanto aquilo durava, como um coelho quando a boca da raposa se fecha em seu pescoço." Apenas quando ela pede para dormir alguns dias na casa dele, desconfiamos de que possa haver algum afeto da sua parte. Afinal, quem iria pedir para dormir na casa do próprio carrasco? A fronteira é tênue — seria Lurie um crápula, ou um homem guiado por uma súbita paixão? Deveria ele ter controlado seu instinto?

O acontecimento não teria passado de algo corriqueiro no campus universitário se o pai e o namorado de Melanie não a tivessem incitado a fazer uma queixa de assédio contra o professor. A partir de então começa a sua desgraça. David Lurie tem a chance de se arrepender publicamente, pedir desculpas e, assim, ser afastado apenas temporariamente da universidade. Mas é um homem de outros tempos, não abre mão da sua moral. Não está arrependido, não vai pedir perdão. No entanto, assume a responsabilidade, e se declara culpado. Prefere perder o emprego e a pensão a perder a honra.

No dia seguinte ao julgamento, parte rumo à fazenda de Lucy, sua única filha, no Cabo Leste. E é aqui que ele percebe que sua desgraça havia apenas começado. Lucy, ao contrário do pai intelectual, adotou um estilo de vida rural, que teve início na sua adolescência hippie, e culminou na decisão de morar sozinha no campo, depois da partida de sua namorada Helen. Mas o campo na África do Sul não é um local bucólico como a Holanda de sua mãe. Ao contrário, nele se revela a tensão emergente de um país formado por um povo branco colonizador e um povo negro colonizado, o ódio inerente numa sociedade pós-apartheid. É nessa terra onde os donos das escrituras não são os verdadeiros donos das fazendas que, preso no banheiro por três bandidos, Lurie experimenta o terrível sentimento de impotência diante do estupro coletivo da filha. Quando os bandidos partem, deixando o professor com a cabeça e a mão queimadas, o inferno está apenas começando. Depois do horror, a reação da filha será cada vez mais incompreensível a esse homem que começa a não reconhecer os valores deste mundo. "David", pede Lucy, "quando as pessoas perguntarem, você se importaria de contar só a sua parte, só o que aconteceu com você? (...) Você conta o que aconteceu com você, eu conto o que aconteceu comigo". Ao que ele responde, categórico: "Está cometendo um erro."

Os dias passam, e o choque só aumenta. Na delegacia, eles denunciam apenas o roubo do carro e de alguns pertences levados da casa. Quando revê um dos bandidos na casa do vizinho, Lucy prefere sair de perto a lhe apontar o dedo. Não chega a contar ao pai o que de fato aconteceu, porque no fundo acha que ele nunca irá entender — "será que acham que, quando se trata de estupro, um homem nunca está na posição da mulher?" Decide não abandonar a fazenda, permanecer naquela terra de ninguém, entregue à sorte, que pode se repetir. Distancia-se do pai, precisa afirmar que é adulta e tomar as rédeas da própria vida, mesmo que ele não a compreenda.

Pelas atitudes de Lucy, parece haver uma justificativa para o estupro. Não é Coetzee quem o diz. Nem o narrador. Mas a própria realidade, arrasadora e machista. O aspecto mais cruel desse romance, assim como da pesquisa realizada pelo Ipea, reside na afirmação latente de que a culpa é da própria mulher. No Brasil, a culpa é dela porque anda com uma roupa decotada demais e não se dá ao respeito; na Cabo Leste sul-africana, porque é homossexual e não se casou — "mulher tem de casar", diz Petrus, o vizinho —, ou porque é branca numa terra de negros, e precisa responder a um crime histórico. O ódio parece ganhar, assim, uma razão que o justifica.

Diante da decisão da filha de se manter calada, David Lurie insiste: "Por que não contar? Trata-se de um crime. Não é vergonha nenhuma ser vítima de um crime. Não se tem escolha. Você é a parte inocente." Lucy se explica: "O motivo é que, de minha parte, o que aconteceu comigo é uma questão absolutamente particular. Em outro tempo, outro lugar, poderia ser considerado uma questão pública. Mas aqui, agora, não é. É coisa minha, só minha."

O relato do estupro esbarra em vários empecilhos. Em primeiro lugar, a sensação de intimidade violada e de que a violação é um crime íntimo e, como tal, deve ser resguardado. Em segundo lugar, a sensação de que o relato nunca extirpará a desgraça, o fato já ocorreu. Em terceiro, o medo de ser rejeitada (no caso de Lucy, as pessoas do mercado começam a olhar para ela de forma estranha). Mas me parece que, no fundo, tudo isso é consequência da ideia imposta pela sociedade, e absorvida pela vítima, de que a culpa é, ao menos em parte, sua.

Não faz muito tempo, passei dois dias no Núcleo de Defesa dos Direitos da Mulher Vítima da Violência (Nudem) ouvindo o relato de mulheres vítimas de violência doméstica. Mesmo entre as que chegam a denunciar os maus-tratos — e que representam cerca de 10% das que sofrem alguma violência —, senti algumas vezes o ranço da culpa atravessando suas palavras. Mas isso, claro, porque foram criadas numa sociedade que educa o homem a ser forte, dominador, "dono" da mulher, de seu corpo. Numa sociedade que educa a mulher para ser submissa. O que nos falta é entender que os impulsos de um nunca são mais urgentes, nem mais divinos, do que o corpo do outro, do que a sua liberdade. Precisamos distinguir a vítima do réu. Confesso que, até aqui, nunca gostei do termo "feminista". Não gosto de nada que me aprisione. Mas, em países que aprisionam a vítima na sensação de culpa, que calam a boca da mulher que sofre violência sexual, com que outro termo eu poderia me designar?

4 de julho de 2014

Pela democracia

Crescemos ouvindo a frase proclamada por Winston Churchill em 1947: "A democracia é a pior forma de governo, com exceção de todas as outras." Mas eu nunca tinha ouvido tanta gente afirmar, como agora, que a democracia é um modelo que não deu certo, um modelo que precisa ser substituído com urgência. Gente da esquerda e gente da direita: ou porque o povo anda escolhendo mal (vide Donald Trump) ou porque anda com poder a mais (vide Lula). Entre o fracasso e o excesso, ela atesta sua impossibilidade.

Eu já estava me perguntando: será que eles têm razão?, quando me deparei com o livro *O ódio à democracia*, de Jacques Rancière, publicado na França em 2005, e no Brasil em 2014. Então descobri que o ódio à democracia não é nenhuma novidade. E sim tão velho quanto a própria democracia.

O ódio atual não reivindica, como poderíamos supor, uma democracia mais real. "Ao contrário, todos dizem que ela já é real demais", afirma Rancière. Queixam-se do povo ou contra o povo. A democracia tem dois adversários: o governo do arbitrário — isto é, a ditadura, a tirania ou o totalitarismo — e ela própria. A intensidade da vida democrática provoca a crise do seu governo. E é para evitar a insurgência desses dois elementos que muitos Estados se acham no direito de atacar outros países. Tudo em nome da democracia — mas uma democracia que não suporta o seu excesso.

A Constituição dos Estados Unidos da América traz esses mecanismos destinados "a tirar do fato democrático o melhor que se podia tirar dele, mas ao mesmo tempo contê-lo estritamente para considerar dois bens considerados sinônimos: o governo dos melhores e a defesa da ordem proprietária". Aqueles que normalmente criticam o respeito pela diferença e pelas minorias são também os que comemoram quando os Estados Unidos decidem espalhar democracia pelo mundo se valendo da guerra. Mas se falamos de um governo do povo por ele mesmo, como pode ser trazido pelas armas?

A essência da democracia é a pressuposição da igualdade, uma vez que ela rompe com a exigência de títulos para o ingresso na política. Numa sociedade assim definida, ninguém precisa de filiação humana ou divina nem de riqueza para se tornar governante. E é por isso que surgem os adversários. A oligarquia não suporta ver o povo no poder. Mesmo nos Estados democráticos, o poder continua sendo da elite econômica. Quando ele se aproxima demasiadamente do povo, os gritos de indignação correm soltos.

O livro de Rancière foi publicado na França poucos meses após o referendo que rejeitou o tratado por uma Constituição da União Europeia, considerado, pela maioria governamental e intelectual, necessário e benéfico. O resultado foi interpretado por muitos como um fracasso da democracia, o voto de um povo incapaz de enfrentar certos desafios. Quando foi traduzido no Brasil, em 2014, começavam as manifestações da elite que, menos de dois anos depois, culminariam no impeachment da presidente Dilma Rousseff.

A elite foi bater panelas na rua contra o governo do Partido dos Trabalhadores, alegando que era contra a corrupção. E depois do impeachment nunca mais saíram às ruas, deixaram passar a corrupção nefasta e escandalosa que não só continuava, mas trazia de volta nomes fúnebres da nossa política, garantindo assim "ordem e progresso" nacionais. Em outras palavras, garantindo a filiação, o sustento de uma oligarquia que se mantém no governo desde a fundação da nossa República. Questão de posses e nomes. Nomes com os quais, é verdade, o PT compactuou ao longo dos anos de governo, mas que, em determinado momento, não suportaram mais ver o povo na política.

O que foi a eleição do PT senão a ruptura com a filiação humana e com a riqueza? Pela primeira vez estávamos elegendo alguém que não vinha de nenhuma espécie de elite, nem monetária nem intelectual. Isso, a oligarquia brasileira não suportou. Se saíram à rua, não foi tanto pelo fim da corrupção, mas sobretudo para ter de volta o que seria deles por direito: a política. O Brasil estava democrático demais para o gosto dessa elite, que temia o governo da multidão. "A individualidade é uma coisa boa para as elites; torna-se um desastre para a civilização se a ela todos têm acesso", ironiza Rancière. A democracia é, portanto, um crime contra a ordem da filiação humana.

Por não suportar que o povo escolha, que o povo governe, a elite encontra justificativas para conter os excessos da democracia. "A longa deploração dos malefícios do individualismo de massa na era dos hipermercados e da telefonia móvel apenas acrescenta acessórios modernos à fábula platônica do indomável asno democrático", diz Rancière. Em outras palavras: o povo está perdido com tanta informação, tanta novidade, e até acha que pode governar. É o momento da elite agir e dizer basta. E assim recuperar o poder perdido, garantindo as alianças de sempre, a corrupção de sempre, os privilégios de sempre. Aquilo que eles chamam de democracia, mas que é a democracia golpeada.

O escândalo da democracia — que a elite não suporta — é "revelar que o título só pode ser a ausência de título, o governo das sociedades só pode repousar, em última instância, em sua própria contingência". A democracia só é democracia se contar com o acaso, com o sorteio que a certa altura foi substituído pela representatividade. A condição para um governo democrático é que seja fundamentado na ausência de título para governar. E se o sorteio parece contrário a qualquer princípio sério de seleção dos governantes "é porque esquecemos o que democracia queria dizer e que tipo de 'natureza' o sorteio queria contrariar".

A democracia, como demonstra Rancière, não designa nem uma sociedade nem uma forma de governo, mas um fundamento de natureza igualitária. Os governos se exercem sempre de uma minoria para uma maioria, e as sociedades são organizadas pelo jogo da oligarquia. Oligarquia que no Brasil sustenta a desigualdade, que não quer educação nem saúde públicas, e agarra com unhas e dentes seus latifúndios. O poder do povo é o que desvia o governo dele mesmo, o que provoca uma ruptura com o modo de ser da sociedade e da política. É isso o que teme a nossa elite: que sejamos todos iguais. Que todos viajem de avião, estudem nas universidades públicas, que todos possam ser alguém independentemente de seu nome ou sua origem econômica.

Na democracia representativa, o princípio do "governo de qualquer um" é substituído pelo "governo da maioria". Portanto, embora sejamos iguais a priori, na prática, são as elites que se mantêm no poder, separando esfera pública da esfera privada, despolitizando a população. O que aconteceu no Brasil com a eleição do Partido dos Trabalhadores foi que, de repente, aqueles que estavam acostumados a governar a maioria se viram invadidos por ela. Embora ainda se tratasse de uma democracia representativa — Lula foi eleito pelos votos diretos —, era a primeira vez que alguém do povo o representaria.

Não estou aqui discutindo a qualidade de seu governo — que tem prós e contras —, mas refletindo sobre o porquê da histeria da elite brasileira em relação ao PT. O livro de Rancière nos ajuda a entender como as elites consideram a democracia um excesso quando os desejos dos indivíduos da sociedade de massa moderna ultrapassam os limites que elas consideram aceitáveis. Vivemos em Estados de direito oligárquicos, nos quais predomina a aliança entre a oligarquia estatal e a econômica. O povo, ainda que chegue pela eleição, não é nem será bem-vindo. Menos do que uma realidade palpável, é melhor que continue a ser o conceito abstrato pelo qual as oligarquias exercem o poder. A democracia só é boa quando a minoria governa a maioria. Quando o povo sobe a rampa do Planalto, surge o ódio.

1º de abril de 2016

Banquete

"Com que rapidez o impensável se tornou o irreversível", dizia a abertura de uma das matérias do *The Economist* sobre a saída do Reino Unido da União Europeia, mais uma das tristes notícias de 2016. Economicamente, o Brexit pode ser um tiro no próprio pé. Afinal, os países membros da União Europeia compram quase metade da exportação dos produtos britânicos. Mas já que economia não é a minha praia, meu maior lamento diante dessa notícia é de ordem antropológica. Como resultado da xenofobia, os britânicos preferem sair da Europa. Querem fechar as portas de seu reino, parar de fazerem circular os imigrantes em suas terras. É verdade que sempre guardaram um pé fora do grupo: mantiveram sua moeda e não aderiram ao espaço Schengen, um tratado que permite a livre circulação de pessoas sem precisar passar por controle de passaporte em diversos países europeus, e que provavelmente tem seus dias contados num mundo que fecha cada vez mais as suas fronteiras.

A tristeza não vem apenas desse enorme passo para a saída do Reino Unido, mas da constatação de que a União Europeia talvez seja um projeto fali(n)do, ao menos em termos humanos. Não podemos deixar de pensar que essa mesma Europa que os britânicos escolheram abandonar também fecha suas portas a imigrantes e refugiados que não façam parte do seu acordo. Que essa mesma Europa já deixou morrerem milhares de refugiados no Mediterrâneo. Parte de sua população, cada vez mais assustada com a possibilidade de terrorismo, acredita que a solução é não deixar mais ninguém entrar. Com isso, a extrema direita vai ganhando terreno, fundamentada na xenofobia.

Quando a União Europeia surgiu, quando as teorias de globalização ganharam força, imaginávamos que um mundo melhor seria um mundo sem fronteiras — econômicas ou sociais. É claro que as fronteiras sempre foram seletivas. Abriam-se as portas para uns, não para outros. Mas, em termos utópicos, podíamos pensar que um dia todos nós poderíamos circular livremente pelo mundo. "Imagine there's no countries", cantava Lennon.

Isso já faz algumas décadas, e agora estamos assistindo a muitos movimentos que dizem o contrário do que sonhava o ex-Beatle. Foi nesse cenário que me pus a ler *Antropofagia — palimpsesto selvagem*, de Beatriz Azevedo. Fiquei pensando que o resto do mundo devia olhar um pouco para o Brasil. Não para o Brasil de hoje, que está tão ruim como o resto do mundo, mergulhado numa crise política e econômica com consequências graves. Devia, sim, olhar para maio de 1928 e um certo manifesto artístico-antropológico-político-econômico-filosófico. Estou falando do *Manifesto antropófago*, de Oswald de Andrade, objeto de análise e deslumbramento de Beatriz Azevedo.

Antropófago, não antropofágico, como se costuma dizer por aí — e como eu mesma dizia antes de ler esse livro. A diferença é importante: trata-se de um substantivo, não de um adjetivo. Se há uma palavra que pode ser lida como adjetivo é "manifesto", atestando a ambiguidade do título, que tanto pode significar um manifesto propriamente dito (neste caso, substantivo), quanto um antropófago manifesto (neste caso, adjetivo). Para Oswald de Andrade, como atesta Beatriz, o antropófago — "essa entidade brasileira advinda da profundidade cultural de nossos ancestrais ameríndios" — esteve escondido, encoberto, invisível desde a colonização portuguesa. O que Oswald faz é justamente tornar manifesto o que estava latente.

Publicado originalmente no primeiro número da *Revista de Antropofagia*, o texto é recuperado no livro de Beatriz integralmente, preservando a grafia e a disposição que são fundamentais para seu entendimento. Segundo relato de Tarsila do Amaral, a ideia de transformar a imagem do antropófago em manifesto cultural surgiu por acaso. Em janeiro de 1928, ela ofereceu a Oswald um quadro de aniversário. "Mas que coisa estranhíssima", comentou ele, "parece-me um antropófago". Então Tarsila foi buscar em seu dicionário de tupi-guarani e encontrou a palavra "Aba-Poru". Raul Bopp, que estava com eles, sugeriu que se criasse um movimento em torno do quadro. Assim surgiu a antropofagia.

Beatriz Azevedo lê o *Manifesto* como um palimpsesto, "pergaminho que, reescrito diversas vezes, acaba resultando em uma somatória de tempos diversos". Camadas sobrepondo camadas, nos permitindo ler o antigo sob o novo. Oswald mistura tempos, saberes, culturas, entrelaça literatura, artes, história, psicologia, antropologia numa verdadeira colcha de retalhos, nesse palimpsesto selvagem. Selvagem porque propõe descolombizar a América, descabralizar o Brasil, e recupera a prática antropofágica tupinambá. Devorar o inimigo, comer seu corpo, degluti- -lo para adquirir sua força e suas habilidades.

No caso da Antropofagia, devorar tudo e todos, devorar os brancos, os índios, os negros, devorar os manifestos surgidos na Europa no início do século XX, devorar "Shakespeare, os índios tupi, Freud, Lévy-Bruhl, a Revolução Caraíba, a Revolução Francesa, Nicolas de Villegagnon, Montaigne, Rousseau, Keyserling, Padre Vieira, Visconde de Cairu e d. João VI". Devorar, aqui, é não aceitar a lógica proposta pelo europeu, é desgramaticalizar o discurso. Tupinizar o português. Em tupi, não existe o verbo Ser, daí a linguagem telegráfica do manifesto, omitindo elementos gramaticais na construção das frases. Em tupi, diz-se "eu onça", "eu forte", "eu homem, "eu mulher".

Trata-se de uma prática corporal, sem dúvida. De uma filosofia do corpo. Comemos partes do outro. "No *Manifesto antropófago* tudo passa pelo corpo, tudo vem do corpo e ao corpo retornará", observa Beatriz. De alguma forma, como lembra a própria autora, Oswald evoca aqui o sacramento da eucaristia. Na última ceia, Jesus diz: "Tomai e comei: isto é o meu corpo, que será entregue por vós."

No entanto, a antropofagia, esse banquete, essa utopia caraíba, não quer exterminar o outro. Não pretende devorá-lo para aniquilá-lo. Ao contrário. É como o costume tupinambá: quer fazê-lo permanecer em nós. "Só me interessa o que não é meu", eis a lei do homem e a lei do antropófago. Oswald afirma que "só o escritor interessado interessa". Lévinas teorizou sobre o Outro. Derrida teorizou sobre o Outro. Deleuze e Foucault também. Oswald manifestou-se, propôs uma prática de vida brasileira para o mundo. Segundo Augusto de Campos, a antropofagia é "a única filosofia original brasileira e, sob alguns aspectos, o mais radical dos movimentos artísticos que produzimos".

Quase cem anos depois de sua criação, continua pertinente — e muito pouco utilizada. Como ressalta Eduardo Viveiros de Castro no prefácio ao livro de Beatriz Azevedo, o inimigo devorado alegremente é um inimigo "sagrado", como "positividade transcendental". Segundo ele, trata-se de "comer o inimigo não como forma de assimilá-lo, torná-lo igual a Mim, ou de 'negá-lo', para afirmar a substância identitária de um Eu, mas tampouco transformar-se nele como em um *Outro Eu*, mimetizá-lo. Transformar-se, justo ao contrário, *por meio* dele, transformar-se em um *eu Outro*, autotransfigurar-se com a ajuda do 'contrário'. (...) Não um ver-se no outro, mas ver o outro em si".

Tantas décadas depois, o mundo continua sem praticar a antropofagia. Quer dizer, pratica a antropofagia de mercado. Devora o outro pelo lucro. Devora o outro para aniquilá-lo e garantir o seu quadrado. Não queremos mais vizinhos imigrantes, dizem milhões no Reino Unido. Não queremos mais as políticas de imigração que nos exige a União Europeia.

Falta ao mundo de hoje ler Oswald de Andrade. Angela Merkel deveria ler Oswald. Marine le Pen deveria ler Oswald. Donald Trump deveria ler Oswald. Os britânicos que votaram pelo Brexit deveriam ler Oswald. E nós mesmos deveríamos ler Oswald e sua filosofia antropófaga. Aprender a devorar o outro não no sentido de massacrá-lo, destruí-lo, mas para nos tornarmos mais complexos, plurais. Para nos tornarmos *Outros*.

Publicado com o título "Vamos comer",
em 8 de julho de 2016

Cidade dos deuses

Por ironia do destino — ou dos deuses —, o novo romance de Alexandra Lucas Coelho saiu em Portugal na mesma semana em que o Rio de Janeiro elegeu Marcelo Crivella para a prefeitura. Portuguesa, Alexandra viveu quase quatro anos no Rio, na época áurea da cidade, entre 2010 e 2014. Viu o mercado imobiliário subir enlouquecidamente, viu a cidade em obras, a euforia com a Copa e as Olimpíadas por vir, a sensação de que o Rio de Janeiro era o centro do mundo, o ego carioca mais elevado do que nunca. Até que de repente tudo desmoronou, a taxa de desemprego subiu vertiginosamente, o valor do imobiliário despencou, a violência voltou a assustar e o sentimento de euforia foi substituído por um desânimo avassalador. Brasil, o país do futuro, por pouco tempo o país do presente, estava se tornando o país do passado.

E, de passado, o ímpeto evangelizador de Crivella tem muito. Um passado perigoso, cuja intenção é fazer regredir alguns dos direitos até aqui alcançados. Como prefeito, pode não conseguir grande coisa, mas sabemos que o "plano de poder" da Igreja Universal do Reino de Deus não se restringe à prefeitura. Crivella expõe abertamente seu desejo de evangelizar o mundo. E ainda diz explicitamente que a mulher tem que obedecer mais o marido, pois foi feita da costela de Adão. Que a homossexualidade é a presença do demônio no corpo. Vê alma no feto, mas não no marginal, como cantaria Caetano. Tudo isso com boas intenções, assim como eram boas as intenções dos padres que chegaram aqui para cristianizar os índios, dos portugueses que vieram para trazer a civilização — e exterminar os índios, escravizar os africanos.

O livro de Alexandra fala disso. É raro, raríssimo, vermos um português relendo o passado colonial dessa forma. O discurso predominante defende que a colonização portuguesa foi a mais branda, a única que se misturava, que não dizimou a população local. Então cadê os nossos índios? E essa mistura de que tanto se gabam, como se deu? Quantas negras escolheram seus amantes brancos, quantas não tiveram escolha?

Só por isso o romance já valeria, pela força e coragem de releitura desse passado histórico. E o que é novo nessa leitura não diz respeito apenas ao conteúdo, mas sobretudo à forma, em que tudo se mistura, passado, presente e futuro. Os índios dizimados são também a floresta que resiste à urbanização, a jiboia que desce um poste em plena rua General Glicério, em Laranjeiras, ou o grupo de amigos — portugueses e brasileiros — que vão tomar ayahuasca, "poções diabólicas, na visão da igreja católica, que no século XVII condenou o uso de *plantas do poder*". Os antigos escravos são ainda as nossas babás, o menino que perde um olho com estilhaços de bala, a mulher que apanha do marido.

Mas nem os índios, nem os negros, nem os homossexuais, nem as mulheres são vítimas nesse romance. Ao contrário. A injustiça está lá, é verdade, mas a potência dos personagens é mais forte, mais poderosa. Mais poderosa, inclusive, do que a palavra do deus unânime, do deus uno, que vê tudo de uma só perspectiva. "Diz que deu, diz que dá, diz que deus dará, ô nega..." E o deus-dará é a confusão, no que ela tem de mais cruel e mais belo. O deus-dará é a multiplicidade de pontos de vista, os sete personagens que correm o livro: Lucas, Judite, Zaca, Tristão, Inês, Gabriel e Noé.

Portugueses, antropólogos do asfalto e da favela, estudantes, burgueses intelectuais, políticos ladrões, skatistas, viciados em crack, evangélicos, índios, afro-brasileiros, tudo se mistura nessa selva que é o Rio de Janeiro, nessa colcha de retalhos que sobrevive graças à sua pluralidade, que faz da dor samba, funk, rap, músicas que acompanham o romance, que saem da boca dos personagens, do narrador. O Rio de Janeiro é essa ebulição, essa efervescência, com ou sem crise, esses personagens sempre em busca do prazer, com as festas, o sexo, a pesquisa, a planta do poder, o pacto com o diabo. Essa cidade sempre à beira do apocalipse. "O apocalipse nunca vai acontecer aqui", diz Inês. "Ao contrário", retruca Tristão, "é aqui que vai acontecer". E BUM, tudo explode, no livro, na cidade, na língua, no romance.

Em época de retrocesso, é um alívio ver a literatura pulsando, a língua se mexendo, encontrando arestas, feito a jiboia que se arrasta até descer o poste em plena cidade. Essa literatura que, como o Rio, é portuguesa, brasileira, africana, indígena, árabe. Escrita numa mistura de diferentes sotaques do português, língua transatlântica. "O narrador será transatlântico ou não será", anuncia-se desde o princípio. Como deus, que ou será africano, católico, indígena, judeu, evangélico, muçulmano, ateu ou não será. Ou como a própria literatura, que ou será romance, poesia, música, imagens de cartões-postais, de livros, de capas de disco, diálogo, pensamento, antropologia, história, ou não será.

Já no discurso de agradecimento ao Grande Prêmio de Romance da APE (Associação Portuguesa de Escritores), recebido com *E a noite roda*, Alexandra Lucas Coelho manifestava seu entendimento de romance, um espaço de liberdade total, onde tudo pode, onde tudo se mistura, tudo se deglute, como na antropofagia de Oswald de Andrade. É neste terceiro romance, *Deus-Dará*, que a sua ideia vai mais longe, que as fronteiras se diluem mais, que tudo arrebenta, extrapolando o próprio limite físico da página.

Na iminência do fim do mundo, de um mundo que está sempre por acabar, mas que também acaba todos os dias (como o mundo dos índios uma vez acabou, tese do antropólogo Eduardo Viveiros de Castro que aparece aqui e lá no romance), os personagens seguem suas vidas, buscando as alegrias possíveis, seja na descoberta do sexo com outro homem por Zaca, no filho nunca antes imaginado por Noé, na paixão de Lucas, que não fala desde a morte da mãe, ou na aventura da portuguesa Inês por esta cidade que era como se conhecesse, de tão vista, mas também imprevisível.

Aos poucos, as vidas desses personagens vão se misturando, se entranhando, se cruzando por acaso, que é também um tipo de deus. São sete dias na vida de sete personagens, distribuídos entre 2012,

2013 e 2014. Uma estrutura bíblica num livro de bruxarias. Aliás, um livro que homenageia muitas vezes nosso maior bruxo, o Bruxo do Cosme Velho, Machado de Assis, que com seu hipopótamo também se torna personagem, também liga vidas e sobrevive às piores tempestades, dessas "em que o Rio de Janeiro volta ao géneses, fim e começo do mundo".

E o que é o Rio senão esse fim e começo do mundo? Essa cidade em que Alexandra, escritora portuguesa, mergulhou tão profundamente a ponto de fazer com que os próprios cariocas possam vê-la de outra maneira. Essa cidade-furacão, tão múltipla, que tem no caldeirão a sua maior virtude.

Agora, em 2016, passados os eventos eufóricos e transitórios, elegemos o bispo evangélico Marcelo Crivella. E eu me pergunto se Crivella conhece bem o Rio, esse Rio descrito em *Deus-Dará*, plural, de muitas religiões, de muitos ateus, de travestis, de mulheres que exigem poder sobre seu próprio corpo, de gays, de famílias diversificadas, esse Rio de Janeiro da explosão, não da contenção? Que o prefeito seja evangélico, é um direito seu, e nada temos a ver com isso. É evangélico, como poderia ser do candomblé, católico, muçulmano ou ateu. Desde que a religião se restrinja à sua vida privada, trata-se do seu direito, da sua liberdade. O problema é que, tendo em vista as suas declarações, não teremos apenas um prefeito evangélico, mas também uma prefeitura evangélica. E aí a questão deixa de ser privada. Passa a ser pública, de todos nós, cariocas, das mais diversas religiões e ateus.

Nada mais catastrófico para a política do que se submeter às leis da religião. O que é de todos não pode se restringir a um único ponto de vista. O que é de todos não pode falar de cima, do divino, tem que vir de dentro, das entranhas da cidade, do nosso deus-dará.

Crivella foi eleito, é verdade. Quem perdeu tem que saber perder. Tem que esperar quatro anos. É assim que funcionam as democracias. Mas quem ganhou tem que lembrar, a cada instante, que em realidade não ganhou. Ficou em segundo lugar. Quem ganhou foram os nulos, as abstenções, os brancos, que, assim como os que ficaram em terceiro lugar, não querem uma prefeitura evangélica. Quem ganhou tem que lembrar que a cidade é também dos afrorreligiosos, dos gays, das mulheres que apanham dos maridos, das mulheres estupradas, das mulheres que morrem porque não podem fazer um aborto legal, dos pais de santo, dos rabinos, dos xamãs, da selva, das jiboias, de todos aqueles que, para a Igreja Universal do Reino de Deus, representam a encarnação do diabo. Afinal, como se pergunta o narrador, "se deus é tudo, é também o diabo?"

11 de novembro de 2016

Os traidores

No avião para Jerusalém, comecei a ler *Judas*, último romance de Amós Oz. Logo me vi animada com a coincidência: a história do estudante Shmuel Asch se passava justamente na cidade e num inverno, o de 1959. Então, me imaginei caminhando por ruas desertas, contra um vento gélido, como o rapaz corpulento do livro, de cerca de 25 anos, tímido, sensível, socialista, ateu, asmático. Mas, na manhã seguinte, o sol levantou forte, 27 graus em pleno mês de fevereiro. Por três dias, nos intervalos das mesas da Feira do Livro, me perdi por ruas pouco desertas, sob um calor impensável, e acabei me esquecendo de *Judas*. Até que, dois dias antes da minha partida, a temperatura despencou drasticamente, 4 graus com sensação térmica de 0, o vento cortante trazendo a poeira do deserto e grossos pingos de chuva. Depois de uma pequena experiência tragicômica, decidi me fechar no quarto do hotel e voltar ao inverno do romance de Oz. Um livro fundamental, urgente.

Em *Judas*, a tese que Oz desenvolve em *Contra o fanatismo* ganha corpo, se torna ficção. A trama se passa dez anos após a guerra que dividiu a cidade: de um lado, a Jerusalém israelense; de outro, a jordaniana. Hoje, a cidade continua dividida, Jerusalém oriental e Jerusalém ocidental, as duas sob o comando do Estado judeu. As questões de quase setenta anos atrás continuam as mesmas. Mas setenta anos, de um ponto de vista histórico, é muito pouco. Como diz a certa altura Guershom Wald, o velho quase inválido de quem Shmuel toma conta, o ódio entre cristãos e judeus é muito mais antigo.

Em paralelo à questão de um Estado que se forma — da guerra entre um povo que tem razão e outro povo que tem razão —, surge a figura de Judas Iscariotes. A pesquisa do jovem estudante sobre Jesus na visão dos judeus vai apontando cada vez mais para a figura daquele que foi estigmatizado como traidor, mas que termina por se revelar o único que realmente amava o mestre. No fundo, trata-se de um romance sobre os horrores cometidos pelas religiões, as guerras feitas em nome de Deus. Depois das mortes, a dúvida que fica é: valeu a pena? Essa era a pergunta a que Shaltiel Abravanel nunca deu forma, mas que estava sempre lá, entre ele e Wald, que perdeu seu único filho no dia 2 de abril de 1948, nos combates em Bab-el-Wad.

Wald era um adepto da guerra, acreditava que seria impossível realizar o sionismo sem um enfrentamento com os árabes. Incentivou o próprio filho, Micha, que já tinha 37 anos e um rim a menos, a lutar pelo país. Abravanel, por sua vez, era um utópico, que considerava que o melhor seria não estabelecer nem um Estado árabe nem um Estado judeu. Ele afirmava: "Vamos viver aqui um ao lado do outro e um dentro do outro, judeus e árabes, cristãos e muçulmanos, drusos e circassianos, gregos e católicos e armênios, um grupo de comunidades vizinhas não separadas por quaisquer barreiras." Não acreditava em fronteiras, clamava a coexistência dos povos e, por isso, foi acusado de traidor, banido da liderança da comunidade judaica, transformado em pária numa sociedade de párias. Esses dois homens estavam ligados pelos filhos. Micha era casado com Atalia, filha de Abravanel. Antes da guerra, moravam os quatro na mesma casa, como aquelas famílias que sonham criar os netos juntos — os netos que nunca vieram. Depois do dia 2 de abril, passaram a viver os três e a pergunta nunca pronunciada: valeu a pena, Wald?

Na primeira vez que fui a Jerusalém, em 2008, eu parecia uma criança diante da novidade. Na minha cabeça, onde havia judeus, não havia palestinos. Onde havia palestinos, não havia judeus. E de repente eu estava lá no meio deles — e de um monte de cristãos —, sem saber dizer quem era quem. Afinal, o húmus, a berinjela e o kebab que eu comia eram da cozinha árabe ou judaica? Lá, eu me dei conta do quão pouco eu sabia sobre a região. Só conhece uma guerra quem esteve nela. Dessa segunda vez na cidade, eu senti que a tensão aparecia a cada instante. Judeus e palestinos podem ocupar o mesmo lugar, mas coexistem pouco. A guerra, como afirmou a escritora árabe Aida Nasrallah, numa das mesas da Feira do Livro, não está só nas armas, nos aviões, nos foguetes. A guerra está também na língua, disse ela, depois de contar que havia preparado um texto em hebraico, pois não sabia que teria que falar em inglês. Então, optou, ali mesmo, por falar em árabe — a sua língua, a sua única casa.

Quando tinha 5 anos, sua mãe lhe disse para não se preocupar, pois, quando ela crescesse, já não haveria guerra. Depois, quando sua filha tinha 5 anos, ela repetiu as mesmas palavras da mãe. Hoje, sua filha dá à sua neta, que tem 5 anos, a mesma garantia. É sobre isso que fala o livro de Amós Oz, gerações e gerações de guerras, civilizações inteiras em guerra, por conta de divergências religiosas. Não só em Israel, mas na Península Ibérica, durante a Inquisição, na Europa, na Segunda Guerra, nas Cruzadas ou, hoje, com as loucuras que o Estado Islâmico tem cometido, decapitando cristãos, ateus e até mesmo muçulmanos. Tudo em nome de Deus. Mas que Deus é esse que quer ver homens decapitados, crianças tornadas escravas sexuais?

Em conversa com Shmuel, diz Wald: "O judaísmo e o cristianismo, e também o Islã, destilam todos eles o néctar da graça, da justiça e da compaixão, mas só enquanto não têm nas mãos algemas, grades, poder, porões de tortura e cadafalso." E disso sabe Atalia, uma mulher esbelta, com cerca de 45 anos, "que tem o poder de atrair estranhos". Atrai homens que se encantam por ela, e os afasta depois de algumas semanas. Foi o que fez com os outros estudantes que moraram com ela e Wald antes de Shmuel. E é por isso que seu velho sogro adverte o rapaz para não se apaixonar. Mas o amor é maior — e inevitável. Como é inevitável o ódio de Atalia pelos homens — são eles que fazem a guerra que levou seu marido e baniu seu pai. Atrair e repulsar é uma espécie de vingança.

Enquanto lia o romance no frio de Jerusalém, pensava igualmente na horda de cristãos que vi seguindo a Via Dolorosa, beijando o santo sepulcro, revivendo o sofrimento da morte provocada por Judas Iscariotes, o judeu, o traidor. A pesquisa de Shmuel vai povoando o livro, os cadernos em que ele anota suas impressões sobre a vida de Jesus. A certa altura, leio o comentário: "Jesus e todos os seus apóstolos eram judeus, filhos de judeus. Mas, no imaginário popular cristão, o único entre eles que ficou gravado como judeu — e a representar todo o povo judeu — foi Judas Iscariotes." Sim, é verdade. Judeu virou sinônimo de traidor.

Judas era um homem rico e culto da Judeia, anota Shmuel, que havia sido mandado para a Galileia para se juntar ao grupo de crentes que seguiam aquele excêntrico milagreiro, e informar aos sacerdotes de Jerusalém a sua verdadeira natureza. Só que ele mesmo acaba por se tornar um de seus crentes mais entusiasmados, seu discípulo mais fiel. "Acreditava que logo os olhos de todos os homens iriam se abrir, de mar a mar, para enxergar a luz, e viria a redenção para o mundo." Mas, para isso, seria preciso deixar a Galileia e subir até Jerusalém. Jesus tinha de ser crucificado diante de toda a cidade. Judas o entregou, mas não por trinta siclos de prata, que, para ele, homem abastado, não significavam nada. E, sim, por acreditar que Jesus era o homem, levantaria da cruz e deixaria Jerusalém a seus pés.

Nesse sentido, os difamadores de Judas têm razão: ele foi "o inventor, o organizador, o diretor e o produtor da cena da crucificação". Mas, enquanto Jesus agonizava, Judas não esmoreceu nem por um instante, certo de que ele se levantaria e diria: "Amem uns aos outros." Assim que percebeu que havia provocado a morte do homem que mais amava, Judas se enforcou. E, desde então, tem sido lembrado como traidor. Assim como Abravanel, que ousou clamar a coexistência entre árabes e judeus.

A proposta do romance é recontar a história, escolher o caminho daqueles que foram acusados de traição. Afinal, tudo depende da interpretação que damos aos fatos. A própria religião é uma forma de leitura do mundo, dos homens, de seus livros sagrados. Portanto, por que não propor outra leitura? Se, de um lado, há os que fazem as guerras e não acreditam no *tikun-olam* (o conserto do mundo, segundo a cabala judaica), de outro, há os que sonham e acreditam que o mundo tem jeito. Estes são os traidores.

Publicado com o título "Jerusalém revisitada",
em 27 de fevereiro de 2015

Monstros

Quase no fim da peça *Cine monstro*, um dos personagens ganha voz pela primeira vez, para clamar: "Aquilo era uma ação justificada simplesmente pelo desejo de destruição, e vocês me desculpem, mas isso não é real. Não é real porque não é humano. (...) Eu sei, eu sei, eu leio os jornais, mas me pergunto se o mal que existe no mundo hoje em dia não tem a ver em parte com homens como eu fazendo filmes como esse." Diante do que poderia parecer uma redenção, outro personagem o contradiz: "Cala a boca! Era real. Era tão real. Ação justificada pelo desejo de destruição, vocês amam essas coisas... Vocês adoram porque excita vocês, o lado negro de vocês..." Banalização do mal, diria Hannah Arendt. Demasiado humano, diria Nietzsche.

Saí do teatro espantada com a direção e a atuação de Enrique Diaz, que faz os treze personagens do texto, e fui comprar o livro, em edição bilíngue, que inclui outras duas peças de Daniel Maclvor. Não sou uma leitora assídua de teatro, mas tive vontade de prolongar a reflexão estimulada pela peça, poder ler algumas vezes a mesma frase, rabiscar o livro e tentar compreender um pouco mais o nosso mundo de hoje. Quando o canadense Maclvor escreveu *Cine monstro* (no original *Monster*), em 1998, ainda não existiam Youtube, Instagram, Facebook, Snapchat, mas já estávamos na era da imagem. Embora não tivéssemos acesso tão imediato aos pequenos acontecimentos do mundo, já estávamos criando uma geração mais pelo que se via do que pelo que se lia ou se ouvia.

Essa é uma das questões principais da peça, acentuada pelo título brasileiro e as projeções que tornam a montagem um filme "em 3D, com as imagens sendo projetadas e o ator à frente", resume Diaz. Logo na abertura, Adão, o personagem que conduz a história, sussurra: "Shh. Babaca. O filme está começando." Frase que de alguma forma se repete no nosso dia a dia, como se o próprio mundo tivesse se tornado um longo filme de terror e comédia. Um filme ao qual assistimos de vez em quando, numa pausa no trabalho, na vida em família ou num jantar de amigos. Pedimos silêncio aos que estão à volta, e, pelo telefone ou pelo tablet, entramos nessa realidade. Que de irreal não tem nada, diria Adão.

O texto de MacIvor nos faz pensar em imagens atuais, como a da morte de Cláudia Silva Ferreira, arrastada por um carro da polícia, ou as decapitações dos jornalistas americanos e do jornalista britânico realizadas pelo Estado Islâmico. Faz-nos pensar na atração do ser humano em assistir a cenas mórbidas. E, ainda, na exploração desse fascínio. Quantas pessoas não terão visto a decapitação, ou o momento que a precedeu, em suas próprias casas? Quantas pessoas não terão se comovido? E é por isso que, não tanto o cinema, mas, sobretudo, os pequenos vídeos de fácil acesso se tornaram o grande meio de disseminação dos extremismos, do terror e do medo. Vídeos que se baseiam justamente no fascínio humano pelo horror. Portanto, não deixa de ser irônico que, sobre a imagem de James Foley, Steven Sotloff ou David Haines ajoelhados numa paisagem desértica aguardando o momento em que serão decapitados, surja um aviso: "Conteúdos sangrentos ou violentos que tenham a intenção de chocar não serão aceitos pelo Youtube."

Assim como é irônica a pequena peça de MacIvor, apesar do enredo aterrorizante. Um dependente tenta se livrar do vício escrevendo um roteiro de filme. Um casal está em crise antes mesmo de se casar. Um homem foi maltratado pelo pai alcoólatra, quando criança. Um menino está obcecado pelo acontecimento das últimas férias: na sua vizinhança, um rapaz trancou o pai no porão e, com um serrote, cortou partes de seu corpo durante três dias. Quando a polícia chegou ao local do crime, encontrou no berço uma cabeça e um tronco, "e o que tava na caixa era, tipo, todo o resto". Ainda assim, o riso sai fácil, seja na solidão da leitura do livro, ou na companhia de outros espectadores diante de Enrique Diaz. Para ser honesta, ri muito no teatro, assim como uma amiga, que estava sentada ao meu lado e tem uma daquelas risadas tão estridentes que a determinada altura passamos a rir apenas da sua gargalhada. No entanto, o casal à nossa frente, sempre muito sério, passou o tempo a reclamar: como podíamos rir daquela violência toda? Daquele horror desumano (demasiado humano)? Afinal, quem banalizava o mal? Aquele que o cometia? Que o escrevia? Que o interpretava? Ou que dele ria?

Naquele momento, a única resposta possível a essas perguntas era a gargalhada. Em seguida, veio a reflexão, pois humor de qualidade não é aquele que nos faz rir por nada, ou apenas pela repetição de um clichê, mas aquele que, com o riso, nos faz pensar. Que nos coloca a questão: é assim que nós somos? É este o mundo onde queremos viver? Rindo de nós mesmos, da nossa sociedade, também conseguimos refletir sobre o espetáculo que se tornaram as guerras e a violência cotidiana. Por um lado, a disseminação desses vídeos de horror pode denunciar um mal cometido. Por outro, pode nos injetar uma dose de pânico que nos paralisa e, muitas vezes, nos leva para um caminho oposto ao do pensamento, rumo ao ódio, ao desejo de vingança.

Segundo a tese de Hannah Arendt, a banalização do mal surge na ausência de pensamento crítico, numa simples obediência a determinadas regras. Embora tenha saído recentemente um livro em que a alemã Bettina Stangneth questiona o caráter burocrático e banal de Eichmann, o nazista cujo julgamento rendeu à Arendt sua teoria, podemos continuar a pensar no universo da espetacularização da violência como um exemplo da banalidade do mal. Não apenas por quem comete o ato, mas também por nós, espectadores. Essa talvez seja a questão mais pertinente que se apresenta em *Cine monstro*. O mal é praticado pelo ser humano comum. Numa época em que uma imagem de horror é rapidamente substituída por outra, acabamos nos tornando apenas receptores apáticos. O que na peça é filme, mas também realidade — o pai esquartejado pelo filho —, poderia ser trocado por outros eventos igualmente violentos e banais. Sobre a história de Fred, o menino obcecado pelo assassinato do vizinho, Adão revela: "As pessoas pararam de querer falar sobre isso, até porque coisas mais interessantes aconteceram: aquelas adolescentes do outro lado da cidade que comeram a própria avó, aquela mulher da cachoeira que fazia joias com os ossos do filho dela e vendia para os turistas..."

No entanto, o que difere a peça de MacIvor da banalização da violência é que ela nos abre o pensamento de uma forma muito eficaz: colocando o espectador/leitor como elemento fundamental da construção do texto. Somos confrontados com nossos desejos inconfessos, com a nossa consciência e o nosso inconsciente, exigindo uma posição a respeito das nossas atitudes no mundo. "Quase uma sessão de análise", afirma Enrique Diaz na apresentação do livro. Um compromisso moral, eu acrescentaria. Diante do convite à destruição, do espetáculo da banalização do mal a que estamos sujeitos diariamente, só há uma salvação: parar e pensar. A única forma de não repetirmos, como os personagens da peça, as mesmas atrocidades dos nossos pais, dos nossos vizinhos ou dos nossos filmes.

Publicado com o título "O Cine Monstro de todo
o dia", em 26 de setembro de 2014

#primeiroassedio

De forma geral, eu diria que o Facebook serve para proliferar banalidades, inflar o ego de seus usuários e nos fazer perder tempo. Mas, de vez em quando, surgem em suas páginas movimentos importantes e explosivos unindo diversas pessoas numa espécie de comunidade virtual que pode, sim, provocar mudanças na sociedade real. Esse é o caso da hashtag #primeiroassedio, uma resposta à aprovação do Projeto de Lei 5069/2013, encabeçado pelo presidente da Câmara, Eduardo Cunha. Esse projeto prevê que a vítima de estupro precisa passar por um exame de corpo de delito antes de ser atendida. Além disso, ela perde os direitos à pílula do dia seguinte e ao aborto. E o profissional de saúde que realizar esse procedimento pode pegar de três a seis anos de prisão.

Proibir o aborto em caso de estupro é seguir os passos do arcebispo de Olinda que, em 2009, excomungou uma menina de 9 anos, violada pelo padrasto, por ter abortado. Excomungou ainda a mãe dela e os médicos que realizaram a operação. Em outras palavras, o arcebispo excomungou a vítima do estupro e aqueles que a ajudaram, mas deixou impune o padrasto violador, afirmando: "Ele cometeu um crime enorme, mas não está incluído na excomunhão. Esse padrasto cometeu um pecado gravíssimo. Agora, mais grave do que isso, sabe o que é? O aborto, eliminar uma vida inocente."

Esse episódio, entre tantos outros, revela o quão machista ainda é a nossa sociedade. Outro exemplo, ocorrido há poucos dias, diz respeito ao fato de vários homens terem manifestado publicamente seu interesse sexual por uma menina de 12 anos que integrava o programa televisivo

MasterChef Júnior. No entanto, nota-se, paralelamente, um desejo coletivo de mudança, de colocar um ponto final nessa história de o corpo da mulher ser tratado como objeto. O tema da redação do último Enem foi um passo para a frente nesse sentido. Adolescentes do país inteiro tiveram que escrever sobre "A persistência da violência contra a mulher na sociedade brasileira". Um tema que logo elimina os estudantes que se colocarem na contramão dos direitos humanos. Não há defesa possível para a violência contra qualquer pessoa.

Na véspera do dia da redação, uma pista havia sido colocada na prova de Ciências Humanas, em que uma questão trazia a célebre frase de Simone de Beauvoir: "Não se nasce mulher, torna-se mulher." Ao ler sobre isso, lembrei-me do período em que eu mesma estava na escola, e ainda tinha 15 anos. Nessa altura, como a maioria dos jovens que se pretendiam intelectuais, eu adorava o Existencialismo, aquele grupo de amigos tomando café no Deux Magots, em Paris: Sartre, Beauvoir, Camus, Merleau-Ponty. Lia a ficção deles, e um ou outro artigo filosófico. Mas foram as memórias de Beauvoir — *Memórias de uma moça bem-comportada* — que me deram a certeza de querer fazer o mesmo: escrever.

Isso porque de bem-comportada ela não tinha muito. Nascida no seio de uma família burguesa e católica, desde cedo começou a questionar a fé, foi estudar filosofia numa época em que quase nenhuma mulher o fazia. Seu lado ovelha negra lhe trazia uma solidão profunda e uma vontade de mudar o mundo. Eu me identificava com os dois, mas achava que tinha nascido na época errada: as mudanças já haviam sido feitas, não vivíamos sob nenhum autoritarismo, as mulheres tinham conquistado os seus direitos. Éramos iguais aos homens: votávamos, trabalhávamos, escolhíamos estar ou não casadas. Podíamos ou não usar os sutiãs queimados em praça pública.

Foi em 2009, após uma mesa-redonda da qual participei com a escritora Nélida Piñon, que comecei a considerar a possibilidade de estar errada. Nélida defendia os direitos das mulheres, enquanto eu, tola, afirmava se tratar de uma questão da geração dela, porque a minha já tinha nascido sob a égide igualitária. Em todo caso, a pulga ficou atrás da minha orelha: talvez eu não tivesse razão. Aos poucos, fui percebendo como ser escritora é muito mais difícil do que ser escritor: vendemos menos, somos menos representadas nas listas dos melhores, ganhamos menos prêmios, somos menos convidadas para falar. Então, pensei: se ser escritora — uma profissão de gente esclarecida — é mais difícil, imagina o resto?

Foi a partir daí que comecei a me definir como feminista, na tentativa de tirar os clichês que se agarraram a essa palavra, dando a ela o único valor que realmente merece: a luta pelos direitos iguais entre homens e mulheres. Muitas conquistas foram realizadas pela geração de Simone de Beauvoir. No entanto, nas décadas seguintes, ser feminista virou sinônimo de odiar homem, sutiã, maquiagem, desodorante, depilação, de ter vontade de mandar nos homens, inverter a ordem. Até que, na última década, o feminismo voltou à tona, para lutar pelos direitos que ainda não foram conquistados. Não se trata, como muitos imaginam, de inverter a ordem, mas de equilibrá-la. Pensadores como Judith Butler deram uma nova roupagem ao feminismo, discutindo o conceito de gênero, desmontando não só aquilo que chamamos de mulher, mas também a ideia de homem e de gênero. Trata-se de um questionamento da identidade no mundo contemporâneo, da forma como ela é construída.

Outra voz importante sobre o assunto é a escritora nigeriana Chimamanda Ngozi Adichie, cuja palestra no TEDxEuston de 2012 foi transformada no livro *Sejamos todos feministas*. Nele, nos damos conta de que a África que ela descreve é aqui. Chimamanda poderia ser brasileira e ter escrito o mesmo relato. Sua pretensão é esvaziar a palavra "feminismo" de seus estereótipos e nos convidar a todos — homens e mulheres — a abraçar esse movimento. Essa necessidade. No início de sua carreira, ela foi alertada para não se intitular feminista, pois "as feministas são mulheres infelizes que não conseguem arranjar marido". Então, passou a se definir como feminista feliz.

Chimamanda traz lembranças da sua infância e juventude, como, por exemplo, o episódio que daria ao aluno com a nota mais alta o título de monitor da turma. Coube a ela a melhor nota, mas foi o segundo lugar, por ser menino, que se tornou monitor. "Se repetimos uma coisa várias vezes, ela se torna normal", diz a escritora. Portanto, é "normal" que os meninos sejam monitores, que os homens ganhem mais do que as mulheres, mesmo numa posição idêntica, é "normal" que homens abusem do corpo da mulher, que lhes digam palavras obscenas ou até mesmo, em determinadas culturas, que as violem.

É contra essa normalização que Chimamanda fala. Hoje, num mundo em que "a pessoa mais qualificada para liderar *não é* a pessoa fisicamente mais forte", mas, sim, a mais culta, inteligente e inovadora, não faz sentido que o homem governe o mundo. Em Lagos, se uma mulher se hospeda sozinha num hotel, é porque é prostituta. Se estiver desacompanhada, não pode entrar em muitos bares e casas respeitáveis. Como no Brasil e em outras partes do mundo, é educada para ser agradável, dócil, querida. Do contrário, não encontrará um príncipe para se casar. No entanto, os meninos também sofrem: abafamos a humanidade que existe neles, "enclausurando-os numa jaula pequena e resistente. Ensinamos que eles não podem ter medo, não podem ser fracos ou se mostrar vulneráveis, precisam esconder quem realmente são — porque eles têm que ser, como se diz na Nigéria, homens duros". Em outras palavras, temos uma definição de masculinidade muito limitada. E, para que o mundo seja menos machista, é preciso mudarmos não apenas a forma de educar as meninas, mas também a de educar os meninos. Redefinir a noção de gênero, reconhecendo quem somos em vez de como devemos ser.

Só assim conseguiremos reconstruir essa sociedade na qual se aprende, desde cedo, que os homens são mais importantes do que as mulheres. Que as mulheres são culpadas pela violência que sofrem. Parece-me que as milhares de vozes que de repente surgiram no Facebook relatando suas experiências de assédio estão dizendo a mesma coisa que Chimamanda: isso é banal, acontece o tempo todo, as histórias se repetem, mas não é normal. Diz ela: "A cultura não faz as pessoas. As pessoas fazem a cultura. Se uma humanidade inteira de mulheres não faz parte da nossa cultura, então temos que mudar nossa cultura." E é isso também o que dizem as mulheres brasileiras, o que diz o tema de redação do Enem 2015: não queremos mais essa cultura desigual e opressora, extremamente violenta com a mulher.

Publicado com o título "O primeiro assédio",
em 6 de novembro de 2015

A sétima função da linguagem

Imaginem se a linguagem fosse capaz de realizar imediatamente aquilo que diz, como só o gênio da lâmpada ou uma fada madrinha conseguem fazer. Imaginem se disséssemos *fiat lux* e a luz se fizesse de fato, como nos Manuscritos do mar Morto. Agora imaginem esse poder mágico nas mãos de alguém como Trump, Merkel ou Cunha. Nas mãos de qualquer político mau-caráter. Nas mãos de qualquer pessoa de moral duvidosa.

É dessa função mágica da linguagem que parte o romance *Quem matou Roland Barthes?*, do francês Laurent Binet, vencedor do prestigiado prêmio Goncourt com seu primeiro romance, *HHhH*. Roland Barthes, o guru de quase todos que estudam Teoria Literária, autor de *O prazer do texto*, *Aula* e *Fragmentos de um discurso amoroso*, entre outros, morreu no dia 26 de março de 1980 das complicações de um atropelamento ocorrido em 25 de fevereiro do mesmo ano. Uma morte triste e sem sentido para alguém que viveu em busca do sentido, que trabalhou com signos.

Binet enxerga naquilo que é aparentemente ilógico uma razão para esse atropelamento, casual apenas na superfície. Transforma o acaso fatal num romance de investigação, num policial que brinca com renomados intelectuais que dominaram a cena francesa no século XX. Gilles Deleuze, Michel Foucault, Julia Kristeva, Jacques Lacan, Jacques Derrida, Jean-Paul Sartre, Hélène Cixous se tornam personagens do romance, suspeitos de terem assassinado Roland Barthes, que carregava no bolso, no momento de sua morte, um papel com as notas sobre a sétima função da linguagem, que faria de seu detentor alguém extremamente poderoso — e mágico.

Deixemos um pouco a França rumo à Rússia e ao linguista Roman Jakobson, criador das famosas funções da linguagem. Segundo Jakobson, são seis essas funções: a referencial; a emotiva; a conativa; a fática; a metalinguística; e a poética. Mas Simon Herzog, auxiliar do detetive Bayard em *Quem matou Roland Barthes?*, encontra em *A teoria da comunicação* o rastro de uma potencial sétima função designada pelo nome de "função mágica ou encantatória". Como exemplo, uma citação da Bíblia: "Sol, detém-te sobre Gibeão, e tu, ó lua, no vale de Aijalom. E o sol parou e a lua não se moveu" (Josué 10:12).

Ora, no início de 1980, estamos nas prévias presidenciais da França. Valéry Giscard, presidente desde 1974, é candidato à reeleição. François Mitterrand, que perdeu as eleições para Giscard em 1974, vai tentar sua sorte novamente. Segundo Umberto Eco, também personagem do romance, "quem tivesse o conhecimento e o domínio de uma função dessas seria virtualmente dono do mundo. Sua força não teria nenhum limite. Poderia ser eleito em todas as eleições, arregimentar as massas, provocar revoluções, seduzir todas as mulheres, vender todos os produtos imagináveis, construir impérios, fazer falcatruas com a terra inteira, obter tudo o que quisesse em qualquer circunstância". Será, então, que Giscard e Mitterrand estariam por trás do assassinato de Barthes? Teriam eles encomendado a morte do célebre pensador para obter o papel escondido no bolso de seu paletó?

Um assassinato cometido pela ambição de um pensador da linguagem ou de um político? Quem levaria às últimas consequências o desejo de poder?

Quando foi atropelado por uma caminhonete, Barthes tinha acabado de sair de um almoço com François Mitterrand, na Rue des Blancs--Manteaux. A presença do delegado dos Serviços de Inteligência Jacques Bayard só se justificaria por conta disso. Afinal, como demonstram vários de seus colegas procurados pela polícia, o atropelamento só poderia ter sido um acidente. Barthes não fazia parte de nenhuma organização clandestina, não era um político, apenas um semiólogo, quem ganharia com a sua morte?

Como diz o narrador, o golpe de gênio de Barthes foi não ter se contentado com os sistemas de comunicação. Ele alargou seu campo de estudo aos sistemas de significação. Os signos deixaram de ser sinais, para se tornar indícios. "Mutação decisiva. Estão em todo lugar. De agora em diante, a semiologia está pronta para conquistar o vasto mundo." Barthes é uma máquina de interpretar, vê signos em todo lado. E Laurent Binet cria um policial à sua maneira. Quer interpretar tudo, vê indícios onde parece haver apenas casualidade.

O romance é, antes de mais nada, uma grande homenagem a Roland Barthes e aos pensadores da chamada "virada linguística" (*linguistic turn*), ou filosofia da linguagem. Percorre Paris, mas também Bolonha, onde se encontra Umberto Eco, fundamental nas explicações de certas pistas, Ithaca, nos Estados Unidos, onde fica a renomada universidade de Cornell, e Veneza. Em Ithaca, há um congresso reunindo todos esses grandes nomes. Queria eu ter estado lá e assistido a palestras de Noam Chomsky, Jacques Derrida, Michel Foucault, Jean-François Lyotard, Julia Kristeva, Edward Said, Gayatri Spivak. Todos juntos. Mas o que a realidade não nos fornece fica a cabo da literatura.

E não deixa de ser engraçado ver todos eles bebendo em festas, trocando de namorados, fazendo sexo grupal, intrigas, brigando por um pedaço de papel ou pela fita cassete que Slimane, o amante de Foucault, vem ouvindo sem parar no seu walkman, de onde emana uma voz explicando como obter a função mágica da linguagem e se tornar o dono do mundo. Enfim, ver todos esses mitos tornados, mais do que personagens, pessoas reais. Sobretudo quando se trata de investigar o assassinato de Roland Barthes, que, por sua vez, assassinou todo e qualquer autor no ensaio "A morte do autor", um ícone da teoria literária.

Binet brinca com isso também, quando faz de Simon um paranoico que acredita se tratar de um joguete de um romancista qualquer. Sua vida seria, segundo sua paranoia, tão fictícia quanto o assassinato de Barthes. Mas não são todas as vidas assim? E não estão todos os textos sujeitos a interpretações que independem e ultrapassam o seu autor? "Quando escrevo", se pergunta o narrador evocando Derrida, "será que sei realmente o que quero escrever? Será que o texto não se revela a si mesmo à medida que é formulado? (Algum dia se revela realmente?)".

A característica policial do romance não se restringe à investigação do verdadeiro assassino de Barthes, mas se expande para uma investigação do próprio poder da linguagem. Não seria a literatura essa sétima função mágica? Afinal, não é isso que a literatura faz, realizar o que diz? Querem magia maior do que essa, nomear personagens e fazer deles pessoas? Nomear lugares e torná-los reais, como Macondo, de *Cem anos de solidão*?

A questão é que o papel que Barthes escondia no paletó não era procurado apenas por filósofos, mas também por políticos. Giscard ou Mitterrand, teria algum dos dois tido acesso a essa função mágica? O Umberto Eco personagem explica: "Desde a Antiguidade até hoje, o domínio da linguagem sempre foi a implicação política fundamental, mesmo durante o período feudal, que aparentemente consagrava a lei da força física e da superioridade militar. Maquiavel explica ao príncipe que não é pela força mas pelo temor que se governa, e isso não é a mesma coisa: o temor é produto do discurso sobre a força. *Allora*, quem domina o discurso, por sua capacidade de suscitar temor e amor, é virtualmente dono do mundo, *eh*!"

O debate entre Giscard e Mitterrand narrado no romance nos dá algumas pistas sobre o possível paradeiro do papel. Obviamente, não quero anunciar o desfecho do romance e ser acusada de *spoil*, a palavra da vez. Mas deixo a dica: assistam ao debate entre Giscard e Mitterrand no Youtube. É bonito ver um debate sem baixarias, gritos, ataques, desmaios, agressões vulgares. Parece-me, mas pode ser só ilusão, que a política já foi mais civilizada do que nos dias de hoje. Por isso, se alguém achou o tal papel no bolso do paletó de Barthes, que o guarde para si, ou deixe longe de certos políticos, como Trump, Le Pen e tantos aqui no Brasil. Imaginem o estrago se a sétima função da linguagem parar na mão de um deles!

3 de fevereiro de 2017

PARTE II:

SEM MEMÓRIA, NÃO HÁ PRESENTE

A lápide que falta

No último dia 1º, completaram-se 51 anos do golpe militar que deu fim ao governo do presidente democraticamente eleito João Goulart e início a mais de 20 anos de uma ditadura que censurou as artes e a mídia, perseguiu opositores, torturou brutalmente milhares de prisioneiros e matou centenas deles. Embora os governos recentes tenham feito algum movimento de reconhecimento em prol da memória das vítimas, a verdade é que o Brasil fica muito atrás, por exemplo, da Argentina, que prendeu torturadores e chefes militares, transformou locais de tortura em museus, criou centro de direitos humanos com seminários sobre o tema.

Todo mundo sabe que o Brasil não é propriamente um país afeito a lembrar o passado. O Estado pouco reconhece a violência contra os negros e o extermínio dos povos indígenas. Há quem diga que isso é um valor do brasileiro, sua capacidade de seguir adiante sem olhar para trás. Mas que país pode realmente seguir adiante sem reconhecer as feridas do passado, sem nomeá-las e, na medida do possível, repará-las?

Por um lado, o Estado faz um trabalho lento, como se ainda hoje temesse o poder dos militares. Em 2012, foi instalada a Comissão Nacional da Verdade, que colabora com as instâncias do poder público para a apuração da violação de direitos humanos, além de auxiliar na identificação de restos mortais de desaparecidos, mas que tem se deparado constantemente com a impossibilidade de ir longe, por conta da Lei da Anistia, irrestrita a todos.

Por outro lado, são as vítimas, ou os herdeiros das vítimas, que terminam por desenvolver um trabalho de reconhecimento que deveria ser da população como um todo. Alguns livros, como *Em câmara lenta*, de Renato Tapajós, filmes, como *Que bom te ver viva*, de Lúcia Murat, e trabalhos de artes visuais, como "A Cela", de Carlos Zilio, têm cumprido o papel de, a partir de histórias pessoais, reconstruir a História do país. Uma espécie de micropolítica que atua onde a macropolítica não tem conseguido atuar.

Nesse contexto, um dos livros mais impactantes que já li é o romance *K.*, de Bernardo Kucinski. Aliás, em qualquer contexto. Fundamental, urgente, necessário, *K.* deveria ser adotado em todas as escolas do Brasil. A partir dele, entendemos melhor quem fomos e quem somos.

Ana Rosa Kucinski, irmã do autor, era integrante da Ação Libertadora Nacional (ALN) e foi torturada e assassinada pela ditadura na temida Casa da Morte, centro clandestino de torturas e execuções em Petrópolis. O romance é a busca de K. pelo paradeiro da filha, o desespero à procura de qualquer vestígio que possa levá-lo a uma resposta. Mas, naquela época, as respostas só vinham mascaradas de verdade, cada hora uma — a filha foi presa; não, a filha não foi presa; a filha está morando em Portugal; alguém viu a filha nos EUA... O protagonista vai se desfazendo toda vez que se depara com a revelação de uma mentira. O que ele quer parece extremamente simples: apenas a verdade. Mas os militares não a dão, o Estado não a dá, a OEA também não, o American Jewish Committee tampouco. Anos depois, o irmão jornalista, escritor, vai procurá-la no romance, esse modo de escrita no qual realidade e ficção não são contraditórias. "Caro leitor", anuncia ele na abertura da narrativa, "tudo neste livro é invenção, mas quase tudo aconteceu".

A busca de K. começa na universidade onde a filha era professora de Química. Diante da notícia dada pelas colegas — ela não aparecia havia onze dias —, o pai entra numa espiral de perguntas e rememorações recentes a fim de encontrar sinais que lhe deem alguma explicação. Desde o início, a culpa se instaura. É ela que conduz a narrativa até o fim, a culpa do pai, imigrante judeu, com passado de militância política na Polônia e importante escritor de língua iídiche. "A culpa de não ter percebido o medo em certo olhar. De ter agido de uma forma e não de outra."

O sobrevivente carrega a culpa de não ter morrido. É assim com qualquer tragédia. "Por que eu sobrevivi, e eles, não?" No caso de K., a culpa advém também do fato de ele não ter percebido as mudanças na vida da filha. Só depois de seu sumiço, descobre que ela havia se casado, entrado para a ALN — toda uma vida que ele desconhecia até então. E, na sua cabeça, se a tivesse descoberto antes, talvez evitasse o desfecho trágico. Para quem fica, haverá sempre um "se". Se ela não tivesse se envolvido com o noivo, teria entrado na política àquele ponto? Se ele tivesse emigrado para a América do Norte, em vez de para o Brasil, teria evitado a tragédia? Ou se a filha e o marido tivessem se escondido numa pensão, num hotel? Essas perguntas ficarão para sempre sem resposta. "Imaginar que poderiam ter feito isso, mas não o fizeram. Era o que mais doía."

Intercalando o périplo de K., outras vozes surgem no romance, como a dos policiais que querem dar cabo da cadela do casal, mas são impedidos pelo chefe, que os acusa de desumanos; a de Jesuína, que trabalhou como faxineira na Casa da Morte, numa sessão de terapia em que conta os horrores que ainda hoje a fazem sangrar, literalmente; a carta de A. a uma amiga; a narrativa dela e do marido no apartamento depois de saberem que o colega foi pego e o ponto caiu; ou, ainda, uma amante do delegado Fleury, símbolo maior da tortura, que diz à mãe de um desaparecido o que "todos já sabem, fingem que têm aquele fiapo de esperança, ou vai ver que é culpa, acham que têm que continuar procurando, continuar se enganando, se ocupando".

É o que faz K., personagem com alusões diretas a Kafka: continua procurando a filha nesse labirinto de burocracia e terror, em que uma falsa pista leva sempre a outra falsa pista. O professor de iídiche pede ajuda a várias pessoas, vai à reunião com o arcebispo de São Paulo e familiares de desaparecidos, apela a instituições judaicas, vai a jornais, desfila como as mães da Praça de Maio, "mortas-vivas a assombrar os vivos", na tentativa de pôr fim ao pesadelo. A determinada altura, os militares dizem que "é para foder mesmo com o velho", pois "temos que desmontar esses familiares pela psicologia". Fingem constantemente que há uma luz no fim do túnel, para ver se ele não morre de infarto.

Recusam-se a dar de vez uma resposta que poderia diminuir seu sofrimento. Não adianta "saber", o pai que procura desesperadamente a filha precisa de palavras, precisa de um corpo. Mas a ditadura militar "engolia pessoas sem deixar traços". Até os nazistas registravam os mortos, "não havia a agonia da incerteza; eram execuções em massa, não era um sumidouro de pessoas". São os filhos que deveriam enterrar os pais, não o contrário. Mas, pior do que enterrá-los, é não poder fazê-lo. K. pede a um rabino progressista para colocar uma lápide sem o corpo, o que ele recusa. Então, "sofre a falta dessa lápide como um desastre a mais".

Sem corpo, sem enterro, resolve escrever, "não para criar personagens ou imaginar enredos; para lidar com seu próprio infortúnio". Mas não consegue. Culpa do iídiche? Da falta de palavras para expressar tamanha obscenidade? Ou o receio de transformar em arte a tragédia da filha?

Décadas depois, é Bernardo quem escreve o livro que o pai não escreveu. Uma narrativa fragmentada, em ruínas, como a dor pontiaguda do pai. Como a memória pessoal, que surge em pequenas e fortes imagens. Como a memória nacional, que nunca se fecha, pois sofre de um "mal de Alzheimer", repleta de buracos propositais, de não ditos. Embora a resposta seja conhecida ("todos já sabem"), ela nunca é pronunciada e assumida pelo Estado.

No Brasil, como afirma Márcio Seligmann-Silva no texto "Imagens precárias: inscrições tênues de violência ditatorial no Brasil", "ocorreu uma privatização do trauma: apenas os familiares e pessoas próximas às vítimas, além dos próprios sobreviventes, se interessaram por esse tema e investiram na sua memória, na reconstrução da verdade e na busca da justiça". Ao não responder a pergunta "Onde está a minha filha?", o Estado transporta para o pai a sua culpa. Afinal, são os pais que deveriam saber onde estão os filhos. Mas quem prendeu, torturou e matou foi o terrorismo de Estado.

Aqui reside o que há de mais kafkiano nesse romance: a culpa do Estado se torna culpa privada, particular. Dá-se, então, como diz Roberto Vecchi, "o abandono de uma sociedade, de um país que, insensível aos horrores, monumentaliza a memória dos algozes e não das vítimas". A tragédia coletiva de um país é vista como dramas pessoais e familiares, que supostas indenizações poderiam acalmar. Mas a dor de um pai que perdeu a filha não se acalma. Menos ainda se não há lápide. Se não há palavra.

24 de abril de 2015

Democracia literária

Num pequeno artigo de 1968, Roland Barthes criou a base para uma leitura do Realismo que se prolongou por certa corrente francesa do século XX e início do XXI. A partir do conto "Um coração simples", de Flaubert, Barthes desenvolve a teoria sobre aquilo que ele chama de "efeito de real". Ao descrever a casa de Madame Aubain, onde trabalha Felicité, o narrador repousa num detalhe: "um velho piano suportava, sob um barômetro, uma quantidade piramidal de caixas e cartões." Segundo Barthes, esse pequeno detalhe — o barômetro — é o que provoca no leitor a sensação de realidade, o que faz a ponte entre o texto literário e o real.

Não há qualquer finalidade que justifique a presença do barômetro. "Qual a significação dessa insignificância?", pergunta ele. Desde a Antiguidade, o real estava ao lado da História, opondo-se ao verossímil. A realidade nunca esteve, portanto, ao lado da ficção. O que Flaubert faz, segundo Barthes, é criar uma nova verossimilhança, misturando ao fim estético da descrição imperativos realistas. Os detalhes inúteis, que poderiam ser subtraídos à obra, estão lá para estabelecer o elo entre o texto e a realidade. Em outras palavras, a utilidade do detalhe inútil é simplesmente dizer: *eu sou o real*. Essa evidência realista substituiria, assim, a estética da verossimilhança, que desde Aristóteles governava a ordem representativa.

A ideia de "efeito de real" tem desdobramentos na própria obra de Barthes, sobretudo em sua célebre análise da fotografia, no livro *A câmara clara*, em que expõe o conceito de "punctum", espécie de pequeno orifício, pequena mancha, o detalhe na fotografia que toca, fere quem a vê, como os braços cruzados do marujo na foto de Nadar ou os dentes estragados do menino na foto de William Klein. Esse pequeno detalhe inútil é o que desperta, na ficção ou na fotografia, a sensação de realidade; o que estabelece o vínculo entre a obra de arte e o mundo.

A teoria de Barthes é bastante sedutora. Difícil não se sentir atraída pela ideia de "efeito de real". No entanto, acaba de sair na França um pequeno livro de Jacques Rancière — *Le Fil Perdu: Essais sur la Fiction Moderne* [O fio perdido: ensaios sobre a ficção moderna] —, em que ela é posta em causa. Quer dizer, posta em causa dentro de uma mesma linha teórica. Rancière não é propriamente um questionador frontal de Barthes, não desmorona sua edificação, mas nos aponta outro ponto de vista, outra possibilidade de leitura — histórica e política — do Realismo, que termina por questionar a já canônica proposta barthesiana.

Rancière busca demonstrar que o excesso de descrições em detrimento da ação, característica do romance realista, não é nem a vitrine das riquezas do mundo burguês, nem o triunfo da lógica representativa. Ao contrário, ele engendra uma ruptura com a hierarquia da ação, que era, antes disso, o eixo da ordem representativa. Ruptura essa que marca a "descoberta de uma capacidade inédita dos homens e das mulheres do povo de aceder a formas de experiência que lhes eram até então refutadas". O que Barthes ignorou, segundo Rancière, foi justamente essa mudança radical.

Rancière volta no tempo para mostrar que, na época de sua publicação, *A educação sentimental*, de Flaubert, foi profundamente criticada. Esse livro que hoje é exemplar já foi um não livro, uma espécie de monstro sem coluna vertebral, segundo o ponto de vista de Barbey d'Aurevilly, crítico do fim do século XIX. Para ele, o problema não se localizava na existência de pequenos detalhes inúteis, mas no fato de só existirem detalhes. Faltaria ao romance um corpo com um eixo central, para onde convergiriam todas as partes. Faltariam também início, meio e fim. Nesse sentido, a estética flaubertiana, em vez de promover o triunfo da poética representativa, estaria, assim, ameaçando-a, como atesta a recepção de sua obra.

Trata-se, portanto, de uma revolução política no seio da literatura, que passa a ser democrática: todos os episódios do romance são igualmente importantes, ou insignificantes. O "herói" dá lugar ao homem comum.

Finalmente, todos sentem, e todos são passíveis de mudanças. Qualquer coisa pode acontecer a qualquer um, seja à criada Felicité, seja a Emma Bovary. Os personagens que antes não mereciam ser distinguidos pela ficção agora povoam a narrativa, "que não deixa lugar para a seleção de personalidades significativas, nem para o desenvolvimento harmonioso de uma intriga". A função do detalhe não seria propriamente dizer "eu sou o real", mas ocupar a literatura com pessoas e coisas antes comuns demais para ela. Até porque, como disse Barbey, o texto de Flaubert não tem um ou outro detalhe, mas é apenas detalhes. E nele todos os personagens são iguais.

A revolução provocada por Flaubert consiste em anular a hierarquia, destruindo a distribuição de papéis que colocava pessoas como Felicité em lugares subalternos. Em *Um coração simples*, a pobre criada iletrada experimenta paixões e sofrimentos que antes não cabiam a personagens como ela. Segundo Rancière, é nesse contexto que o barômetro ganha sentido. A questão não é saber se o real é real, mas saber qual é a "textura desse real, quer dizer, do tipo de vida vivido pelos personagens". O ponteiro que assinala as variações da pressão atmosférica também simboliza "a separação entre os que vivem na sucessão dos trabalhos e dos dias e os que vivem na temporalidade dos fins".

O grande gesto revolucionário no conto de Flaubert é fazer com que uma vida que normalmente seguiria o ritmo dos dias seja tomada por acontecimentos sensíveis e excepcionais. Mesmo o ser mais humilde pode viver as maiores intensidades da existência, transformar a rotina em paixão. Qualquer pessoa, seja homem, seja mulher, patrão ou empregado, príncipe ou servo, pode ser surpreendido por qualquer sensação, qualquer experiência, qualquer emoção. Por isso, "o pretendido 'efeito de real' é mais um efeito de igualdade". Os detalhes na literatura de Flaubert extinguem a separação entre as classes, entre a alma de elite e a alma vulgar, destroem os heróis aristocratas das grandes ações, produzindo um real novo, possível a todos, transgressor das fronteiras entre as formas de vida.

Madame Bovary seria a representante máxima dessa nova textura do real. Desejosa de experimentar o sentido concreto do que lia em livros que não eram destinados às moças do campo, ela rompe com o lugar identitário que lhe cabia, com o universo da vida invisível e repetitiva, "para viver formas de vida que não correspondem à sua identidade", tornando possível "a revolução literária que destrói as identidades e as hierarquias da ordem representativa". Tal revolução decomporia essas manifestações da capacidade dos anônimos numa "poeira de microacontecimentos sensíveis impessoais", que identificaria o movimento da escrita à respiração desse tecido sensível.

O amor de Emma por Rodolphe nasce de uma cadeia de acontecimentos sensíveis. O calor da tarde de verão, as vozes que inundam os comícios agrícolas, o mugido das vacas, um perfume de baunilha e limão, a lembrança de uma valsa e de desejos antigos, tudo isso junto faz com que suas mãos se encontrem, e daí surge o amor, efeito de uma sucessão de microacontecimentos que incluem ainda as palavras dos livros lidos por ela, os refrãos de cantigas sentimentais e uma série de imagens e decorações com as quais alguma vez esbarrou. Em *Madame Bovary*, existe uma democracia literária que se opõe ao antigo regime das conveniências, como se houvesse no ar um turbilhão de acontecimentos sensíveis impessoais que podem despencar sobre qualquer um.

Se, por um lado, Emma tem uma identidade definida — é filha de camponês, habitante de um vilarejo, mãe, esposa e amante —; por outro, é acometida por variados acontecimentos impessoais. E daqui a igualdade, a liberdade: nada é predefinido. Tudo e todos podem ser tocados por um desses acontecimentos, eis a ação política da escrita de Flaubert. Muito mais do que afirmar a contiguidade entre o texto e o mundo real concreto, o barômetro de Madame Aubain promove deslocamentos nas práticas de escrita que provocam na literatura uma verdadeira revolução democrática.

18 de julho de 2014

Memórias da colônia

Marguerite Duras tem um lugar cativo na minha lista de escritores preferidos (embora eu deteste listas de escritores preferidos). Perco as referências de tempo e espaço toda vez que leio seus romances ou peças. A cada vez me vejo obrigada a repensar a realidade. O que está em seus livros é muito simples, mas ao mesmo tempo não tem nada a ver com o cotidiano. Duras escreve atendo-se apenas ao essencial, ao mínimo indispensável. Diz tudo, com quase nada.

Os vazios, aquilo que ela chama de "brancos tipográficos", são construídos para dar lugar ao acontecimento. Fazem parte de uma visão não totalitária da literatura em que cada personagem tem sua perspectiva. Cada voz tem muitas vozes. Cada um conta de um jeito, ou de muitos jeitos. Por isso sua literatura não se fecha em nenhum deles. "Escrever não é contar uma história: mas evocar aquilo que a rodeia", afirma Duras.

Vemos em livros como *O amor*, *A doença da morte* e *O deslumbramento de Lol V. Stein* uma escrita formada por fragmentos, silêncios que se sucedem aos diálogos e tiram a palavra de seu contexto habitual, criando uma nova semântica. O silêncio não é o avesso da palavra, mas o que ela evoca alusivamente. Nesse sentido, é extremamente visual, levando-nos para os subterfúgios de nossa imaginação.

Porque sou apaixonada por sua escrita, não pude deixar de comprar uma longa entrevista publicada recentemente em livro: *La Passion Suspendue* [A paixão suspensa]. Primeiro, porque o título me fascinou. Duras é uma suspensão, várias suspensões: no tempo, na linguagem, no espaço, na morte. Em outras palavras, é a escrita como amor, o único sentimento que nos suspende disso tudo. Segundo, porque adoro ler entrevistas dos meus escritores preferidos, sobretudo quando realizadas por quem de fato conhece sua obra, como é o caso da italiana Leopoldina della Torre.

Lendo a entrevista, subdividida em tópicos, pus-me a pensar nos escritores europeus nascidos em colônias africanas ou asiáticas. Em escritores que passaram a infância nessas terras e depois "voltaram" para os países colonizadores, com o fim da colonização. Marguerite Duras nasceu em 1914 em Saigon, na altura sob domínio da França. Sua mãe fazia de tudo para que os filhos comessem pão e mel como na metrópole, mas Marguerite e seu irmão mais novo preferiam arroz e peixe. Preferiam os pés descalços sobre a lama, o gosto da manga, o cheiro da chuva, do jasmim, da carne. Essa infância pouco francesa, extremamente vietnamita, marcou a escritora que Duras se tornaria já na França, para onde se mudou aos 18 anos.

Lembrei-me então de Jacques Derrida, Hélène Cixous e Albert Camus. Três escritores franceses nascidos na Argélia, também chamados de *pieds-noirs*. Derrida e Cixous sempre ocupados com a temática do outro. Com a diferença, ou *diferança*, segundo Derrida. A filosofia e a literatura para ambos era a possibilidade de encontro com o outro — com um "outro" que não é nunca um "eu", que permanece terceira pessoa, esse desconhecido absoluto. Camus, como revela o título de seu romance mais célebre, também estava igualmente interessado em abordar a temática do estrangeiro, do estranho.

Terem nascido em países com uma cultura tão diferente da francesa (embora sob a égide política da França), fez com que eles tivessem um pé cá, um pé lá. Mais especificamente, uma infância e uma adolescência *lá* e uma vida adulta *cá* (claro que o *cá* e o *lá* dependem do ponto de referência). Uma vez que os escritores estão sempre pescando imagens, palavras e lembranças no baú de suas infâncias, impossível não ouvir o eco desses lugares em seus textos.

Entre os dois países, fico me perguntando como definir a nacionalidade? Conhecemos esses quatro escritores como franceses. É verdade, passaram toda a vida pública na França e, sobretudo, escreveram em francês. Fazem parte, sem dúvida, da tradição ocidental. Mas passaram a infância e a adolescência na Argélia ou no Vietnã. Como dizer então a que país pertencem? Se eu tivesse saído do Brasil com 18 anos, me definiria sempre como brasileira. Mas a realidade é outra, claro. Os pais desses escritores eram de origem francesa (ou europeia), e eles viviam em colônias, que, para quem vinha da metrópole, eram uma espécie de extensão do território. Franceses, portanto. Mas franceses que comiam de palitinho e andavam descalços? Franceses que preferiam as frutas exóticas aos frutos vermelhos?

Difícil essa definição. Penso agora em dois escritores de origem portuguesa que passaram a infância em Angola: Dulce Maria Cardoso e José Eduardo Agualusa. Dulce nasceu em Portugal, mas foi para Luanda com apenas 6 meses, onde ficou até a descolonização. Agualusa nasceu em Huambo e só foi para Portugal com 15 anos. Dulce se apresenta como escritora portuguesa. Agualusa, como angolano. E isso se nota em suas escritas.

Em 2012, Dulce Maria Cardoso publicou o romance *O retorno*, que narra a história de Rui, um adolescente nascido em Luanda que "retorna" junto com sua irmã mais velha e sua mãe para Portugal, enquanto o pai está desaparecido. Muitas questões se apresentam desde o início: Quem é essa família? Por que mora em Angola? Que medos a constituem? Que terra é a deles? A terra onde nasceram ou a terra para onde vão um ano depois da Revolução dos Cravos, quando começa o processo de descolonização? Se até então a colônia era a realidade, a metrópole era a imaginação.

Para Agualusa é diferente. Ao contrário de Dulce, nunca se apresentou como um retornado (termo utilizado para os portugueses que voltaram a partir de 1975). *Estação das chuvas, Barroco tropical, As Mulheres do meu pai* e *Teoria geral do esquecimento* são exemplos de romances cuja temática é Angola, sua história, seus personagens, seus dramas, suas loucuras. Apesar de ter se mudado para Portugal ainda adolescente, manteve sempre uma relação com seu país de nascimento. Enquanto escritor, Angola lhe interessa mais do que Portugal. Sua memória e sua forma de imaginar têm as raízes fincadas no seu país de nascimento.

Com Marguerite Duras é parecido. Sua infância e adolescência surgem em boa parte de seus livros, como o célebre *O amante*, que a tornou conhecida mundialmente. Diz ela, na entrevista a Leopoldina della Torre:

"Às vezes eu acho que toda a minha escrita nasce daí (do Vietnã), entre os arrozais, as florestas, a solidão. Dessa menina esquálida e perdida que eu era, mais vietnamita do que francesa, sempre de pés descalços, sem horário, sem boas maneiras, habituada a olhar o longo crepúsculo no rio, o rosto todo queimado pelo sol." Suas lembranças são tão fortes, tão fulgurantes, que nem a escrita poderá evocá-las, menciona Duras. Já dizia Stendhal que a infância é sem fim.

A "calma sobre-humana" e a "doçura indizível" da Indochina deixaram marcas indeléveis em Duras — e tornaram sua escrita um espaço do silêncio, da suspensão. Ela conta que durante anos recusou grande parte dessa vida, até que, um dia, a memória surgiu com violência. A memória de uma vida que era também miséria, medo, escuridão da floresta, Mekong, tigres, leprosos, uma mãe que preferia o filho mais velho, seu irmão odioso, sobre o qual precisou escrever tanto. Esses elementos aparecem com força nos monólogos da mãe sobre a miséria e na descrição da colônia no romance *Uma barragem contra o Pacífico*.

A memória é o que nos devolve o sentido perdido. Nas palavras de Duras, "tudo o que permanece visível, dizível, é frequentemente o supérfluo, a aparência, a superfície da nossa experiência. O resto fica no interior, obscuro, forte a ponto de não poder mais nem ser evocado". Surge de repente, em fragmentos. Trabalhar com a memória no sentido clássico não lhe interessa. Ao contrário, o que interessa Duras é o esquecimento, o vazio. Para ela, a memória verdadeira é aquela que nos permite "não sucumbir à opressão da lembrança, dos sofrimentos que, felizmente, esquecemos". A verdadeira memória, não somos nós que escolhemos. É ela que nos escolhe, de repente, sem aviso, imprevisível. Como uma fera na selva vietnamita.

14 de outubro de 2016

Quaresma

Hoje, celebramos 128 anos da abolição da escravatura no Brasil. E 135 do nascimento de Afonso Henriques de Lima Barreto. Nascido em 13 de maio de 1881, Lima Barreto se tornou conhecido por suas crônicas, seus contos, mas sobretudo pelo romance *Triste fim de Policarpo Quaresma*. Mulato, era filho de Amália Augusta, uma escrava liberta que se tornou professora, e do tipógrafo João Henriques. Ainda criança, vivenciou o fim da escravidão e a proclamação da República. Viu também o Congresso Nacional fechado por Deodoro da Fonseca e o contragolpe de Floriano Peixoto. Em suma, viveu momentos políticos fundamentais na construção da nossa República, cujas fragilidades aparecem em sua escrita. Temas como o preconceito racial, a submissão da mulher e a difícil inserção dos negros e mulatos na sociedade brasileira são recorrentes em sua produção.

Foi em 1911 que escreveu e publicou em 52 folhetins do *Jornal do Commercio* o *Triste fim de Policarpo Quaresma*. Alguns anos depois, quando o publicou em livro, numa edição bancada por ele mesmo, Lima Barreto sofreu com a falta de espaço na imprensa. Na altura, não saiu nada a respeito do livro além da ótima crítica de Oliveira Lima em *O Estado de São Paulo*, que definia o protagonista do romance como um dom Quixote nacional. Hoje, um de nossos maiores clássicos, conta com diversas edições. A da Penguin traz, além do texto de Oliveira Lima, uma introdução de Lilia Moritz Schwarcz e primorosas notas assinadas pela própria, Lúcia Garcia e Pedro Galdino que nos ajudam a entender o romance em relação com o contexto histórico e político de que Lima Barreto fazia parte.

Essa visão histórica, que em nenhum momento retira da literatura seu valor de criadora de mundos, parece ainda mais curiosa agora por provocar a terrível sensação de que não saímos do lugar, embora isso não seja (completamente) verdade. Somos (um pouco) menos racistas, (um pouco) menos machistas, (um pouco) menos militaristas do que no fim do século XIX. A ironia de Lima Barreto, centrada na figura visionária de Policarpo Quaresma, suas críticas ferozes à sociedade valem ainda na atualidade.

Dividido em três partes, o romance não tem apenas um, mas três tristes fins para nosso herói quixotesco. Como se não bastasse fazê-lo uma vez, Lima Barreto nos mostra três vezes que ser patriota no Brasil, estimar o bem comum mais do que a carreira pessoal, só pode acabar mal. Na primeira, Policarpo apresenta ao Ministério uma petição para tornar o tupi-guarani nossa língua nacional, já que o português se trata de uma língua "emprestada". Termina no hospício. Na segunda, ele se muda para o sítio Sossego, onde decide provar que a nossa terra é a mais fértil do mundo e não precisa de adubo para render bons frutos. No entanto, como atesta o tenente Antonio Dutra, escrivão da coletoria, "na nossa terra não se vive senão de política, fora disso, babau!". Porque não tem nenhuma ambição, Quaresma termina "comido" por saúvas que, diria nosso anti-herói Macunaíma, é um dos males do Brasil. Na terceira, torna-se voluntário no exército de Floriano Peixoto numa guerra que só revela a mesquinhez do ser humano. Termina preso, desiludido.

Na medida em que a trama se desenvolve, constrói-se, junto com os personagens e suas ações, a visão irônica do autor. Se à primeira vista o provincianismo fica a cargo do patriotismo sem freios de Policarpo, numa segunda análise percebe-se que provincianismo mesmo é aquilo que fazemos desde o início da nossa República. Provincianismo não é acreditar cegamente nas qualidades do Brasil, não é "amputar alguns quilômetros ao Nilo", grande rival do rio Amazonas, nem propor o tupi como língua oficial. Isso é ingenuidade de quem, "desde moço, aí pelos vinte anos", foi tomado pelo amor à pátria, "um sentimento sério, grave e absorvente". Provincianismo mesmo é excluir negros e mulatos, educar as mulheres para o casamento, expulsar os pobres de suas casas, confundir literatura com classicismo e política com carreirismo.

Mulato, morador do subúrbio, *flâneur* das ruas do Rio de Janeiro, escritor realista, sem papas na língua, dono de um estilo direto, Lima Barreto teve negada a sua candidatura à Academia Brasileira de Letras. Assim como Machado de Assis, não cansou de ridicularizar a preferência hipócrita por títulos. Livros, só para os doutores, afirma a maioria dos personagens de *Triste fim*. A propósito da loucura de Policarpo, que tinha a mania de ler, comenta Genelício: "Devia até ser proibido a quem não possuísse um título 'acadêmico' ter livros." Quando o personagem Armando decide escrever um "clássico", o narrador não poupa ironia. O último truque de Armando para se distinguir "desses meninos por aí que escrevem contos e romances nos jornais" era traduzir para o clássico. O processo era simples: "Escrevia do modo comum, com as palavras e o jeito de hoje, em seguida invertia as orações, picava o período com vírgulas e substituía incomodar por molestar, ao redor por derredor, isso por esso (...)." Afinal, era um doutor, e não lhe ficava bem escrever como os meninos...

Artificialismos como esse estão no centro das repulsas do nosso Quixote. Incompreendido por quase todos — menos pelo músico Ricardo Coração dos Outros e pela afilhada Olga —, traz na sua ingenuidade um desejo de naturalidade, de fuga das convenções. Mas a sociedade, claro, é o que mais existe de convencional. Na do século XIX, por exemplo, educava-se a mulher para casar. Por isso, Ismênia, abandonada pelo marido logo após o casamento, enlouquece. Cresceu ouvindo: "Porque, quando você se casar...", e por isso não suportou ficar solteira. Diz o narrador: "(...) toda a existência só tendia para o casamento. A instrução, as satisfações íntimas, a alegria, tudo isso era inútil; a vida se resumia numa cousa: casar."

É verdade que, embora machistas, já não somos assim. A vida da mulher brasileira não se resume ao casamento. É espantoso, contudo, ver como certas observações encontradas no romance poderiam ter sido feitas nos dias de hoje. Lima Barreto era um crítico ferrenho da urbanização que expulsava os pobres para as áreas suburbanas — onde vivia Ricardo Coração dos Outros — a fim de "limpar" a paisagem do Rio de Janeiro. E o que acontece ainda hoje, seja com a gentrificação consequente da Copa do Mundo, seja com as obras para as Olimpíadas? Impossível ler

Triste fim de Policarpo Quaresma e não pensar na Vila Autódromo, onde casas foram demolidas para a realização das Olimpíadas e a construção de condomínios de luxo.

A principal semelhança ao Brasil de hoje diz respeito, sem dúvida, à nossa política, à fragilidade de nossa República. Os políticos são descritos como ambiciosos, carreiristas. Ao contrário de Policarpo, não querem o melhor senão para si mesmos. Vivem de favores, e nosso herói sente na pele as consequências de não apoiar um candidato na terra onde tem seu sítio. Para nosso escárnio, diz o narrador: "É um momento bem curioso esse das eleições na roça. Não se sabe bem de onde saem tantos tipos exóticos."

Seu amor à pátria leva Policarpo às trincheiras de Floriano Peixoto. Tomado pelo entusiasmo contagioso que Floriano conseguira despertar, demora a entender aquilo que o narrador anuncia páginas antes: "A sua concepção de governo não era o despotismo, nem a democracia, nem a aristocracia; era a de uma tirania doméstica. O bebê portou-se mal, castiga-se. Levada a coisa ao grande, o portar-se mal era fazer-lhe oposição, ter opiniões contrárias às suas e o castigo não eram mais palmadas, sim, porém, prisão e morte." Na tentativa de "consolidação da República", Policarpo vive na pele a impossibilidade de contrariar. Quando é preso, ninguém o ajuda. Dizem-se todos governistas e não querem correr o risco de perder seus postos, seus salários, os favores que lhe são concedidos.

O visionário Policarpo Quaresma, homem honesto que preza pelo bem da nação, é o emblema do que não dá certo no Brasil, do que só pode ter um triste fim. Desculpem-me essa conclusão nada otimista, vinda de quem costuma falar em esperança. Acredito no nosso poder de transformação, mas hoje, neste 13 de maio, fico triste em imaginar Policarpo na cadeia, em pensar na nossa crise econômica, na nossa frágil República, nos nossos preconceitos ainda dominantes, na pouca falta de espaço para o negro na sociedade, na política fundada no carreirismo, e não na preocupação com o outro. Fico triste em pensar que, sim, é verdade, caminhamos, melhoramos um pouco, mas muito menos do que deveríamos, do que poderíamos.

13 de maio de 2016

O passado é agora

Certa vez, vi pichada num muro da cidade do Rio de Janeiro a seguinte afirmação: "O passado é agora." Lembrei-me dela enquanto lia o mais recente livro do jornalista e escritor Eric Nepomuceno, *A memória de todos nós*, um mergulho no trabalho de recuperação da memória realizado (ou não) em alguns países latino-americanos que enfrentaram uma dura ditadura entre as décadas de 1950 e 1980.

O ciclo das ditaduras começou em 1954 na Guatemala, estendendo--se posteriormente por Paraguai, Argentina, Chile, Uruguai, Brasil, Peru, Bolívia. Todas elas contaram com o apoio incondicional dos Estados Unidos, que temiam que o exemplo de Cuba se espalhasse por todo o continente. Apoio não apenas ideológico, mas sobretudo logístico, material e financeiro que aos poucos foi destituindo os presidentes democraticamente eleitos e instaurando um terrorismo de Estado. Milhares de pessoas foram presas de forma arbitrária, violentamente torturadas, violadas e desaparecidas. Em outras palavras, mortas pelo Estado, sem que sua família sequer tivesse acesso a seus restos mortais.

Quando, a partir de 1983, esses países começaram a reinstaurar a democracia, também deram início a um movimento de recuperação do passado. No entanto, aqueles que mais sofreram, que mais tiveram apoio da população, foram também os que mais coragem tiveram na hora de trazer a verdade à tona e julgar os responsáveis pelas barbaridades cometidas. Argentina e Chile se tornaram duas referências de resgate da memória. Já o Brasil, onde muita gente foi presa e morta, mas bem menos do que nos outros dois países, até hoje, 51 anos após o golpe, tem demonstrado imensa lentidão e falta de coragem em revisitar os acontecimentos ocorridos entre 1964 e 1985. Falta-nos entender o que diz a frase do muro, e que Eric Nepomuceno repete de outras formas ao longo do livro: o passado é agora.

Revisitá-lo não tem nada de saudosista, mas, ao contrário, constitui um movimento de compreensão de nossa própria identidade, quem fomos e quem somos. O passado está conosco, mesmo que silenciado. Faz parte da nossa identidade presente. Portanto, nada mais saudável do que nomeá-lo. Isso fica claro em alguns dos casos particulares narrados no livro, como o de Mariano Andrés Falco, nascido Juan Cabandié, de pais mortos pela ditadura argentina, entregue para ser criado por um agente da Polícia Federal e sua esposa. Mariano não se identificava com os pais de adoção e, embora entregue a eles muito bebê, ouvia ecoar em seu corpo vestígios do passado. Dizia, por exemplo, que queria se chamar Juan, sem saber que era esse o nome escolhido pela sua mãe, ainda na prisão. Por mais que seus pais adotivos tentassem esconder o seu passado, ele sempre esteve lá. É isso que o Brasil precisa entender.

Foram necessárias duas décadas de democracia para que os primeiros sinais de busca pela memória começassem a surgir, já no governo de Fernando Henrique Cardoso. Antes disso, havia uma enorme acomodação na Lei da Anistia, de 1979, como se "perdoar" igualmente os dois lados — supondo que eram igualmente terríveis — fosse suficiente para colocar uma pedra no passado e seguir adiante. Em realidade, ainda hoje, nosso maior empecilho de fazer justiça deve-se a essa mesma lei, que permitiu o retorno de tantos exilados, mas que mantém impunes torturadores, assassinos, responsáveis por crimes de terrorismo de Estado e de lesa-humanidade cometidos durante a ditadura.

Em 1995, primeiro ano do governo Fernando Henrique Cardoso, "o Estado brasileiro reconheceu, por lei, sua responsabilidade no assassinato — e desaparecimento — de opositores aos diferentes governos que o país teve entre 1961 e 1988. Foram estudados 475 casos pela Comissão Especial. Em 2007, já no governo Lula, discutia-se como seria criada a

Comissão Nacional da Verdade, que só entrou em vigor no governo Dilma. E, mesmo assim, encontrando na Lei da Anistia seu maior obstáculo. Constrangido pelas forças militares, o Estado brasileiro tem se mostrado ineficiente na revisão dessa mesma lei, incapaz de levar aos tribunais — a exemplo da Argentina e do Chile — os carrascos da ditadura. Como afirma Nepomuceno, "não se fez justiça, a memória continua enevoada e a verdade ainda é negada".

As buscas tiveram que ser pessoais, sem o apoio da população ou do Estado, sem reverberação pública. Muitos foram atrás de informações sobre seus familiares desaparecidos, na maior parte das vezes sem sucesso. Algumas buscas viraram livros, como *K.*, de Bernardo Kucinski, ou filmes, como o *Diário de uma busca*, em que a filha vai atrás da história do pai. Nada disso, no entanto, contou com grande apoio da população. Talvez só agora, com os depoimentos transmitidos on-line de alguns sobreviventes barbaramente torturados, como é o caso da cineasta Lúcia Murat, a população tenha se comovido numa escala maior.

Ao contrário do Brasil, que não encontrou apoio legal, mas teve que resgatar por conta própria uma memória que apenas superficialmente poderia ser definida como pessoal, o Chile encontrou algumas brechas em sua lei da anistia para julgar os culpados. Crimes contra a humanidade não prescrevem é uma delas. A outra: se alguém foi preso em 1973 e nunca mais apareceu, o crime de sequestro não prescreveu nem prescreve. Além de condenar os terroristas de Estado, o Chile também criou o museu da Memória e dos Direitos Humanos, em Santiago.

A Argentina, por sua vez, "é o país que foi mais longe no que se refere a aplicar a Justiça sobre os responsáveis de crimes de lesa-humanidade e do terrorismo de Estado". E isso porque teve uma ditadura ainda mais dura do que no Brasil, realizando um comércio de distribuição de bebês de desaparecidos para que fossem criados longe de suas famílias ditas subversivas.

Talvez por isso Eric Nepomuceno tenha optado por fazer um livro com depoimentos de chilenos e argentinos, deixando de lado histórias de brasileiros. Interpreto sua escolha como uma representação do vazio oriundo da nossa falta de coragem em enfrentar nossos coronéis para trazer à tona o passado. Enquanto não revisarmos a Lei da Anistia, enquanto não julgarmos nossos carrascos, não teremos histórias, não teremos memória. E, no entanto, elas estão aqui, ao nosso lado, são o nosso agora.

Nepomuceno escolhe cinco personagens: Macarena Gelman, Marcia Scantlebury, Estela de Carlotto, Adolfo Pérez Esquivel e Juan Cabandié — alguns torturados e sobreviventes, outros filhos de desaparecidos, uma mãe de desaparecida. Todos eles representam a crença de que "uma democracia só se consolida quando alcança o império da verdade, da memória e da justiça. Quando se reconhece que ocultar ou deformar o passado é uma forma segura de comprometer o presente e condenar o futuro".

Adolfo Pérez Esquivel, Prêmio Nobel da Paz, esteve à beira de ser lançado vivo no rio da Prata, quando o avião mudou de rumo e ele foi levado para a Unidade 9 de La Plata, cárcere de segurança máxima Tornou prioridade sua lembrar os horrores dessa época, pois, segundo ele, "os povos sem memória desaparecem". Se quisermos saber para onde vamos, temos que saber de onde viemos. Marcia Scantlebury foi torturadíssima no Chile, mas sobreviveu. Décadas depois, foi convidada pela presidente Michelle Bachelet a criar e implantar o Museu da Memória e dos Direitos Humanos. Um museu que se dispõe a "olhar o futuro sabendo do passado", e convoca a sociedade a se envolver na restituição e na reconstrução memorial.

Três histórias comoventes são as de duas crianças desaparecidas e da avó de outra. Aos 23 anos, Macarena Gelman descobriu que não era filha dos pais adotivos. Seu pai havia sido morto na Argentina, e sua mãe, no Uruguai, onde ela foi criada. E seu avô era o poeta Juan Gelman, que durante 24 anos não cessou de procurá-la. Juan Cabandié, ao contrário de Macarena, foi criado sob violência, encontrando na irmã o único afeto verdadeiro. Ele mesmo foi em busca de sua história até descobri-la, com a ajuda das Avós da Praça de Maio, e levar à prisão seu pai adotivo. Estela Carlotto, por sua vez, é a presidente das Avós da Praça de Maio. Após 36 anos de busca, finalmente encontrou seu neto, Guido, em 2014.

São histórias emocionantes, que não poupam os leitores de uma cascata de lágrimas. Histórias pessoais, sim, mas, sobretudo, histórias de um tempo de horror, a História de alguns países. Do Brasil, Eric não relata experiências, mas nos traz a voz de Leonardo Boff, que afirma que resgatar a memória é um ponto de honra. "Para que ninguém esqueça, para que nunca mais aconteça."

17 de abril de 2015

Turcos e armênios

Fui em busca do romance *De volta a Istambul* — depois de ler uma entrevista com a autora, Elif Shafak. Uma das escritoras mais reconhecidas na Turquia, Elif foi levada ao tribunal em 2006, acusada de insultar a identidade turca nesse romance, em que fala abertamente do massacre dos armênios ocorrido em seu país. Um massacre que os turcos preferiram esquecer, apagar da História, insistindo em contar uma versão que abranda drasticamente os fatos e os redime de qualquer culpa possível.

Elif toma a palavra para revisitar o passado e dar nome aos silêncios impostos pela versão oficial. Mas não só. Feminista, luta pelo direito à liberdade das mulheres numa sociedade fortemente patriarcal. É muito crítica não apenas à opressão provocada pelos homens, mas também à forma como as próprias mulheres sustentam os papéis definidos para cada um. Viagem de volta ao passado, tentativa de reconstrução histórica de um massacre e luta pelos direitos das mulheres me pareceram temáticas instigantes para mergulhar em seu livro.

Elif Shafak afirma que, enquanto escritora turca, não pode se dar o luxo de ser apolítica. Não sei se algum escritor pode se dar esse luxo, pois duvido que ele exista. De alguma forma, toda escrita é política, como sustenta Jacques Rancière. Mesmo quando não se pretende como tal. Mas, claro, em países onde a liberdade é limitada, a relação entre escrita e política se torna mais estreita. Não que a Turquia seja o pior lugar para se escrever. Ao contrário. Goza do fato de ser uma república democrática, multipartidária e secular. Graças a Mustafa Kemal

Atatürk, o antigo Império Otomano deu lugar a um Estado moderno, laico. E lá floresceram grandes escritores, como Ahmet Tanpinar e Orhan Pamuk.

Por isso, a própria autora de *De volta a Istambul* se assustou quando foi levada a tribunal por "denegrir a identidade turca", sob o artigo 301º do Código Penal. Ela poderia ter pego uma pena de até três anos de prisão, mas as acusações acabaram por ser retiradas, depois de seu advogado ter conseguido convencer o tribunal de que os personagens do romance eram apenas... personagens. Com esse fato, e com a própria narrativa romanesca, pode-se notar que, no que diz respeito ao massacre dos armênios, parece que os turcos fizeram questão de esquecer. Acontece que esses dois povos já estiveram entrelaçados. Até o dia em que tudo mudou — e de forma extremamente violenta.

O romance é centrado na casa da família Kazanci, em Istambul. Uma família tradicional, que vive sob uma estranha maldição: seus homens morrem cedo e de forma inesperada. Portanto, só há mulheres sob o mesmo teto. O único homem, Mustafa, emigrou para os Estados Unidos, numa tentativa de escapar da maldição. São muitos os mistérios que se escondem pela casa e que vão se desvelando com o passar dos anos, conforme a vida promove encontros que trazem a necessidade da palavra. Se, por um lado, há um desejo de esquecimento, por outro há a urgência de se lembrar.

Tudo começa numa sexta-feira de julho há dezenove anos, quando Zeliha, a ovelha negra do clã, a única agnóstica, que usa minissaias e fala palavrões, decide fazer um aborto (na Turquia, é permitido). Ao chegar de volta a casa, escandaliza sua mãe e suas irmãs ao dizer onde estava. Mas a sua decisão final escandaliza ainda mais: acabou desistindo de abortar, o que significa que teria um filho bastardo. No caso, uma filha, Asya, hoje com 19 anos, a mesma idade com que a mãe a tivera.

Asya é tão rebelde quanto a mãe. Estuda filosofia, tem um monte de amigos intelectuais e artistas com quem se encontra frequentemente num bar, é amante de um homem casado e já foi para cama com outros tantos. Resumindo, uma menina normal, que representa um país moderno, enquanto sua família representa um país antigo, centrado em valores tradicionais e patriarcais — embora os homens nem existam, sejam presenças fantasmagóricas e dominantes. Ela vive em conflito com as outras mulheres da casa, sobretudo com a própria mãe. Como é a única da sua geração, todas as tias e a avó investiram nela todos os sonhos, exigindo que se tornasse quem ela nunca quis ser.

Um pouco como a Turquia, Asya não conhece seu passado e acredita que ignorá-lo é a melhor solução. Ela inveja o Alzheimer da Petite-Ma, que tem 100 anos. "A memória murcha", diz ela, antes de continuar: "O passado é apenas uma algema, da qual temos de nos livrar. Um fardo insuportável. Se eu pudesse começar do zero e limitar-me a ficar aí para sempre." Mas ela descobre ao longo do romance que o pior é mantê-lo sem nome. Afinal, quem é o seu pai? Eis a pergunta que a atormenta e a faz querer apagar o passado. Mas o passado não se apaga, e por isso precisa ser revisitado, nomeado, para que se possa seguir adiante.

É o que faz Armanoush Tchakhmakhchian, ou Amy, que vive do outro lado do mundo. Ao contrário de Asya, Armanoush, essa jovem de mãe americana, pai armênio e padrasto turco, que vive entre São Francisco e o Arizona, toma a decisão de ir em busca do seu passado. Seus pais se separaram quando ela era um bebê. Rose, sua mãe, para se vingar do primeiro marido armênio, casou com um turco: Mustafa, o único homem remanescente da família Kazanci, tio de Asya. Amy foi criada, durante parte do tempo, numa casa tão calorosa quanto a de Asya, cheia de mulheres e de comidas similares. Armênios e turcos têm muito em comum, coexistiram durante longo tempo e ainda hoje carregam essas semelhanças, apesar do ressentimento de uns e do desejo de esquecimento dos outros. Ressentimento pelos mortos, claro, mas não só. Os armênios não aceitam o fato de o Estado turco nunca ter assumido o massacre e pedido desculpas publicamente ao seu povo.

Dividida entre tantas culturas, em busca de sua própria identidade, Amy chega à conclusão de que, se não fizer uma viagem de volta a Istambul, jamais conseguirá entender quem de fato é. Seu bisavô foi perseguido e morto no Império Otomano por ser um intelectual. Sua família perdeu a casa onde vivia, foi separada e forçada a partir. Sua avó viveu num orfanato durante dez anos e de uma forma secreta acabou se ligando à família Kazanci. Mas isso Amy não imagina quando resolve deixar os EUA nas férias de Páscoa rumo à casa da família de seu padrasto.

Ela vai à procura da casa dos seus antepassados, mas descobre, ao lado de Asya, que "a casa já não existia. Um prédio de cinco andares fora construído no seu lugar". E também descobre, com espanto, que mesmo os amigos artistas e intelectuais de Asya mal conhecem a história dos armênios. A própria Asya, que estuda filosofia, ignora o massacre cometido pelos turcos. Como o Estado, eles preferem não falar no assunto. Mas, diante de Amy, não têm outra opção senão ouvir o relato dos sobreviventes.

Assim, através dessas duas personagens — mulheres fortes e independentes que lutam contra os costumes patriarcais com seus gestos cotidianos —, os passados de seus povos voltam a se cruzar, no presente. O silêncio ganha voz, as diferenças se encontram e, assim, o leitor descobre que só se livra do passado, como desejava Asya, quando se vai atrás dele, como Armanoush.

13 de março de 2015

História revisitada e profetizada

Os atentados terroristas em Paris, que deixaram a cidade em estado de choque, me levaram a dois romances recentes que tratam da relação entre a cultura francesa, a cultura árabe e o islamismo. São eles: *Meursault, contra-investigação*, do argelino Kamel Daoud, que ganhou com este livro o prêmio Goncourt de primeiro romance 2015, e *Submissão*, do polêmico e aclamado Michel Houellebecq. As duas propostas são perturbadoras. Daoud revisita o romance *O estrangeiro*, de Albert Camus, para contar, do ponto de vista do irmão, a vida do árabe morto pelo protagonista Meursault. O árabe a quem ele nunca deu um nome e que, por 25 vezes, foi denominado apenas como tal. Por sua vez, Houellebecq narra a história de uma França tomada pelo islamismo, que assiste à queda dos princípios de sua república laica.

Em *Meursault, contra-investigação*, trata-se de dar a voz àquele que foi silenciado. Não só ao árabe morto pelo protagonista do livro de Camus, mas a todos os árabes mortos durante a colonização francesa na Argélia. O início de *O estrangeiro* é sem dúvida uma das mais conhecidas aberturas de romances do século XX: "Hoje, mamãe morreu. Ou talvez ontem, não sei bem." Meursault é um francês que vive em Argel em plena colonização. Um homem banal, frio, que não chora nem no enterro da mãe. Passeando pela praia num dia muito quente, sob "o mesmo sol do dia em que enterrara mamãe", depara-se com um árabe caminhando na sua direção. O árabe que ele mata com um tiro, sem mais nem menos. Em seguida, ainda atira mais quatro vezes em seu corpo inerte, "como se desse quatro batidas secas na porta da desgraça".

No livro de Daoud, esse árabe tem um nome: Moussa. Num bar em Orã, durante seguidas noites, seu irmão mais novo, Haroun, narra a um acadêmico francês a história de sua família: o pai desaparecido, o irmão assassinado, a mãe sofredora, e ele mesmo, que deve ocupar o lugar do morto. Moussa se torna aqui uma pessoa real, ao contrário do que ocorre no romance de Camus. Meursault o mata como poderia ter matado um pombo, apenas porque não conseguia suportar o calor. Depois, preso, termina condenado não apenas pelo assassinato cometido, mas sobretudo por não ter chorado no enterro da mãe. Por ter se mostrado um insensível.

A diferença substancial entre Meursault e Moussa é que o primeiro, do livro de Camus, sabia contar, "enquanto o segundo era um pobre iletrado". Nada resta dele, nem a palavra. Cabe ao irmão falar em seu lugar. Haroun aprende francês para poder ler a história do assassinato, levada até a sua casa por Meriem, única mulher por quem foi apaixonado. A língua do assassino de seu irmão é a língua do colonizador, a representação de anos de invasão. Hoje, diz ele, "o país está repleto de palavras que já não pertencem a ninguém e que encontramos nas fachadas das velhas lojas, nos livros amarelados".

Contar essa história em francês, não em árabe, é uma decisão necessária tanto para Haroun quanto para Daoud. A única forma de fazer com que o ex-colonizador, o assassino, escute. Com que escute o nome de Moussa, tantas vezes repetido ao longo do romance. Com que escute a dor provocada pelas milhares de mortes, a dor de quem teve a palavra arrancada — e que depois, ao longo das décadas seguintes, se tornou o imigrante indesejado, o árabe da mercearia onde o francês pode comprar uma garrafa de vinho até altas horas.

Contar a história do árabe morto e sem nome é contar a história não só da Argélia, mas também da França, país que clama a igualdade, a fraternidade, a liberdade, mas que oprimiu vários povos, arrancando-lhes aquilo que é mais caro para a cultura francesa: a palavra.

Haroun é um homem velho e atormentado pela frustração. Viveu à sombra do irmão, não casou, não teve filhos. Nunca conseguiu seguir adiante, amarrado a esse passado. No entanto, seus dramas não vêm apenas do anonimato de sua história, mas também das mudanças ocorridas em seu próprio país. Com o tempo, acabou por se tornar um estrangeiro entre os seus. Ateu convicto, sente-se distante de uma Argélia cada vez mais muçulmana, mais religiosa. Não se reconhece nas proibições, nas limitações impostas pelo islamismo, na necessidade que os homens têm de um deus.

É justamente o islamismo que François, protagonista de *Submissão*, vê se alastrar pela França, até conquistar o Estado, destruindo a cultura ocidental e laica que se manteve ao longo dos séculos. Na visão do protagonista, da mesma forma que o Império Romano acabou um dia, a cultura francesa também parece estar se apagando, sufocada pelo crescimento do fanatismo religioso. A publicação do mais recente romance de Houellebecq no início deste ano coincidiu com o atentado ao *Charlie Hebdo*, que deixou doze pessoas mortas em Paris. O livro tornou-se ainda mais polêmico dentro desse contexto, suscitando uma série de comentários apaixonados e raivosos. O jornal *Libération* o acusou de trazer de volta para a literatura francesa a extrema direita, enquanto Emmanuel Carrère o defendeu como o único que "hoje em dia, não só na literatura francesa como na mundial", reflete "sobre a enorme mutação em curso que todos nós sentimos e não sabemos como analisar". Sobretudo agora, alguns meses depois, quando vemos os atentados que o livro narra se realizarem, feito profecia.

Passado em 2022, o romance é realmente estranho e nos coloca diante de várias questões pertinentes e atuais. Será que a França — talvez o país mais laico politicamente — está caminhando para o que François vê acontecer em *Submissão*? Professor de literatura na Sorbonne, especialista em Joris-Karl Huysmans, François leva uma vida banal. Como Haroun, é incapaz de amar, embora mantenha uma vida sexual ativa com várias alunas (curioso que seu envolvimento mais recente seja com a judia Myriam, praticamente o mesmo nome da única paixão de Haroun). Nada de extraordinário acontece até o dia em que o candidato da Fraternidade Muçulmana, aliado ao Partido Socialista, vence as eleições presidenciais.

A aliança foi mais fácil do que se podia imaginar. O único problema na conciliação entre os dois partidos é a educação. A Fraternidade Muçulmana exige um ensino islâmico, restringe o acesso das meninas às escolas, só aceita professores muçulmanos. É no meio desse caos instalado no país, entre diversos atentados terroristas silenciados pela imprensa, que François se vê de repente sem emprego, embora com uma gorda aposentadoria. Seu ateísmo não permite a sua permanência na Universidade. Isso, até o dia em que o reitor o procura, na tentativa de trazê-lo de volta e convertê-lo ao islamismo, oferecendo-lhe o que os outros professores já têm: um salário bastante elevado e várias esposas.

Assim como *Meursault, contra-investigação*, mais do que um livro de histórias, *Submissão* é um livro de ideias e perguntas. Perguntas diante desse retorno tão forte da religião. Se Nietzsche havia anunciado a morte de deus, parece que agora seu retorno é inevitável, e cada vez toma mais conta da política, das decisões do Estado. Como escapar disso na Argélia de hoje? Como escapar disso na França de 2022? Ou, perante os acontecimentos recentes, na França de 2015? Enquanto Haroun, já velho, só encontra uma saída ao se afastar ainda mais dos seus, tornando-se um verdadeiro estrangeiro, François, deprimido, sem razão de viver, começa a cogitar uma mudança radical de valores. Para ele, a única forma de sobrevivência nesse novo mundo.

São dois livros que trazem críticas contundentes. Kamel Daoud questiona, por um lado, as mazelas da colonização, de uma História escrita apenas pelos vencedores, e, por outro, aquilo que se tornou o seu país, tomado pelos religiosos. Houellebecq discute abertamente o crescimento do islamismo na França, acentuando os atentados, a invasão da religião na vida pública. Não encontra uma saída possível nem na palavra, na história contada sob outro prisma, como Daoud. Não vê saída na convivência. Está claro, em seu livro, que, para ele, religião e ateísmo não conseguem conviver. Daí o *Libération* tê-lo acusado de trazer a extrema direita para a literatura. Mas a verdade é que Emmanuel Carrère está certo, ainda não conseguimos responder à principal questão suscitada por esses romances: como prolongar o tempo de vida de nossas sociedades laicas? Como impedir o avanço da religião, seja ela qual for, na política? Como impedir que o fanatismo religioso provoque um número cada vez maior de vítimas?

20 de novembro de 2015

Formas de narrar

Para quem viveu os horrores das ditaduras na América Latina, a questão é: como narrar a experiência traumática? Como dizer com as palavras o que o corpo viveu com a dor? Como descrever a tortura, o medo, o desaparecimento de um filho ou de um amigo? A palavra parece se distanciar da concretude do horror, abrindo uma fenda que reforça a impossibilidade de narrar. No entanto, diante do mal, só há uma saída: nomear. Escrever para mostrar o impronunciável.

Para quem nasceu na década de 1970, a questão é: Como contar a história do outro? Como se apropriar do trauma de uma geração anterior? É sobre esse tema que falam os livros *Formas de voltar para casa*, de Alejandro Zambra, e *O inventário das coisas ausentes*, de Carola Saavedra.

Se, por um lado, o testemunho tem um lugar central no conhecimento de experiências extremas como a tortura, por outro, as possibilidades de narrativa não se encerram nele. Para o jovem escritor latino-americano de hoje, trata-se de mudar a câmera de lugar. Logo no início do romance de Zambra, o narrador confessa: "Quanto a Pinochet, para mim era uma personagem da televisão que conduzia um programa sem horário fixo, e eu o odiava por isso, pelos aborrecidos pronunciamentos em cadeia nacional que interrompiam a programação nas melhores partes." A História vai sendo contada pelos personagens secundários. A literatura dos pais, pela literatura dos filhos. Vivia-se uma ditadura, falava-se de crimes e atentados, mas nada impedia o menino de passar o dia longe de casa. A infância permanecia infância. Pelas brechas da construção de um sujeito surgia a realidade de um país. Quando a menina Claudia pede ao narrador

que siga seu tio Raúl, ele o faz como uma criança que brinca de pique-
-esconde. Só mais tarde descobriria que Raúl se escondia de um monstro
muito mais feroz do que então poderia imaginar.

As respostas vão se construindo nos silêncios. Quando o menino pergunta a Claudia se Raúl era comunista, ela guarda "um silêncio pesado.
Não posso te dizer mais nada, respondeu por fim". Às crianças, não se
dizia. Mas elas estavam lá, e depois precisariam elaborar em suas próprias
narrativas a história que na época absorviam em pequenos fragmentos,
frases desconexas, olhares esquivos. Talvez seja por isso que Nina, personagem de Carola Saavedra, afirme não ser possível "falar do outro
sem falar de si mesmo". O que está em questão é a construção de um
sujeito a partir da história do outro. Falar do outro é, também, falar de
si. Escrever ficção é, também, escrever autobiografia.

Em *Formas de voltar para casa*, os capítulos se alternam entre o romance
que está sendo escrito e um diário no qual o escritor/narrador relata lembranças da própria vida e anotações para o livro. No decorrer da leitura
vamos percebendo como a suposta realidade vai se transformando na
ficção, ganhando novos nomes, situações, mas guardando a inquietação
de origem. Em dado momento, a referência à reprodução do quadro *As
meninas* que enfeitava a casa de sua infância evidencia a *mise en abîme* do
texto. Até que ponto o personagem do livro não é um reflexo de seu autor?

A encenação dos limites entre vida e ficção aparece com força em *O
inventário das coisas ausentes*. A própria epígrafe anuncia o que virá a
seguir: "Todo mundo, mais cedo ou mais tarde, inventa uma história que
acredita ser sua vida." O romance de Carola é dividido em duas partes.
Na primeira, um caderno de anotações, o material bruto que se tornará,
na segunda, uma ficção. Entre as notas do romance em processo, revela-
-se a história de amor do escritor com a chilena Nina, ocorrida tempos
antes. Certo dia, antes de desaparecer por quatorze anos, ela lhe entrega
uma caixa com dezessete diários. Diante dos cadernos — e da dor do
abandono —, ele não sabe o que fazer: aventurar-se pela intimidade que
lhe fora oferecida ou não abrir os diários?

Outros acontecimentos e questionamentos vão se juntando nesse
inventário, para, em seguida, surgirem na ficção. Várias histórias paralelas também são esboçadas nas notas. Algumas se diluem, outras se

intensificam, como a de Jaime e Teresa durante a ditadura no Chile. Depois que ele desaparece, ela inicia uma longa peregrinação em sua busca, até que, juntos de novo, se exilam na Dinamarca. Do sumiço, não falam nada, mas Teresa "passava as noites insone, pensando no tempo em que o marido esteve preso, nos horrores que teria testemunhado, nos pesadelos inscritos no corpo". Embora Jaime afirme que aquilo acabou, o ódio se manifesta em seus beijos ocos, seu olhar distante, até aparecer como violência física contra a mulher.

Na segunda parte — a ficção —, descobrimos, completamente trans-figurados, os ecos da primeira. Um homem prestes a morrer reencontra o filho depois de 23 anos. Esse homem "foi capaz de arriscar a própria vida por um sonho, (...) pela pátria, (...) pelos outros, (...) pelos ideais, (...) por uma sociedade mais justa", mas também foi de uma rispidez violenta com o próprio filho, afastando-o por muito tempo, até o dia em que o chama para lhe entregar dezessete cadernos, onde documentou tudo ao longo de dezessete anos. Os diários do pai, como os diários de Nina, nunca são revelados. O livro termina, e não sabemos o que neles havia. A história principal só é contada pela lateral, pelas bordas, pelo silêncio. Pelos personagens secundários, diria Zambra. Ou, em última instância, pelo leitor, a quem cabe preencher os vazios, dar continuidade à escrita. "Há uma história, mas ao tentar contá-la sempre acabo contando outra, outro enredo, outro personagem", anota o narrador do *Inventário*.

O livro de Carola me fez pensar ainda no romance *Mar azul*, de Paloma Vidal, que transita pelos temas da memória, da construção do sujeito e da herança de tempos sombrios. Nele, as histórias centrais também são contadas pelas beiradas. O pai da narradora vive saindo e voltando, até que um dia não volta. Ela ainda é menina e mora com a vizinha Vicky. Num diálogo, pede à amiga: "Você podia ser minha memória. (...) Eu te conto e você não esquece." Mas Vicky desaparece no dia 26 de junho de 1976. O pai vai trabalhar na construção de Brasília e, antes de morrer, deixa à filha seus cadernos com fragmentos datados, como um diário. Essas são as histórias que deveriam ser contadas, mas nunca chegamos a conhecê-las.

Existe sempre uma falha, uma brecha, quando se narra a história do outro. Daí as repetidas lacunas, o não dito que se apodera desses três romances. Afinal, é possível narrar uma história que não foi vivida?

"Ninguém fala pelos outros", diz o narrador de Zambra, "mesmo que queiramos contar histórias alheias, terminamos sempre contando nossa própria história". E, no entanto, é preciso procurar seu lugar naquela história. De alguma forma, os filhos precisavam voltar à casa dos pais, encontrar o passado, encará-lo, mas sem se aproximar tanto, sem perder a distância. Como se questiona o narrador de O *inventário de coisas ausentes*, "o que será do passado quando os rastros se forem e ficar apenas a memória?" Se a década de 1970 foi a do horror e do silêncio, a de 1990, a das perguntas, então os anos seguintes seriam os da elaboração de um sentido. Anos da ficção, porque, como disse o professor Morales, do livro de Zambra, "algum dia poderemos falar disso e de tudo".

23 de maio de 2014

Estamos aqui

No domingo, 17 de abril, assistimos a um circo lamentável na votação pelo impeachment da presidente Dilma Rousseff. A grande maioria dos deputados votou não pelo povo, não pela política, não pela nossa República, mas pelas suas famílias. Mandaram beijo para os filhos, a mulher, o marido, os netos. Juntou-se a isso uma série de erros de português (houve quem votasse com confecção, quem falasse em perca de tempo) e outros absurdos. O maior de todos ficou a cargo de Jair Bolsonaro, que defendeu o golpe de 1964, a ditadura militar, e ainda homenageou o coronel Carlos Alberto Brilhante Ustra, torturador responsável por dezenas de mortes. Se isso aconteceu, é sinal de que somos um país que mal consegue escrever sua história, sua memória.

Assim que terminou a votação, pensei: já que é para falar de família, falemos de família. Já que é para falar de ditadura, falemos de ditadura. Melhor: falemos de famílias destroçadas por ditaduras. Então me lembrei de dois livros publicados em 2015: *Ainda estou aqui*, de Marcelo Rubens Paiva, cujo pai foi assassinado na tortura em 1971, e *Resistência*, romance de Julián Fuks, que se mistura com a própria história familiar do autor, filho de argentinos exilados no Brasil.

Ainda estou aqui narra o desaparecimento de Rubens Beyrodt Paiva e a luta de sua mulher, Eunice Paiva, para reconstruir a vida, educar sozinha os cinco filhos e lutar pela verdade. Eleito deputado em 1964, Rubens Paiva foi cassado e exilado no mesmo ano, tendo voltado em seguida para o Brasil clandestinamente. Acreditava que em 1966 os golpistas devolveriam o poder aos civis. Não imaginava que a ditadura fosse durar 21 anos. "E que só 26 anos depois teríamos uma eleição direta para presidente. Que o terror seria uma rotina e prática do Estado a partir de 1968, com o AI-5. E que ele estaria sob tortura seis anos e meio depois. Morrendo. E que seu corpo desapareceria." Então, começaria o luto de sua família, a batalha de Eunice para que o Estado reconhecesse o assassinato, entregasse o atestado de óbito do marido, e todos pudessem, com 25 anos de atraso, enterrar o morto.

A tática do desaparecimento político, afirma Marcelo, "é a mais cruel de todas, pois a vítima permanece viva no dia a dia. Mata-se a vítima e condena-se toda a família a uma tortura psicológica eterna". Não ter o corpo, a prova palpável da morte, gera um sentimento de injustiça extrema. Segue-se ao desaparecimento uma busca incansável, como a de Eunice, que, embora não perdoasse o marido por ter lutado quixotescamente numa guerra já perdida, nunca abriu mão de recompor a verdade. Para ela, a vítima da ditadura não era a sua família, mas o país inteiro. "O crime foi contra a humanidade, não contra Rubens Paiva." Por isso, lágrimas só entre quatro paredes.

Diante da câmera do fotógrafo da Manchete que reclamava "fiquem mais sérios, mais tristes, mais infelizes", apenas indignação. Os filhos nunca viram a mãe chorar senão em 1996, quando Rubens morreu por decreto, graças à Lei dos Desaparecidos. Até então, a estrada foi longa. Eunice entrou para a faculdade de direito aos 42 anos, tornou-se uma importante advogada, grande defensora dos direitos indígenas. Filha de italianos, era a única que não se debulhava em dramas. Sempre inteira, fazia questão de se mostrar firme para o mundo. Mãe protocolar, mas que permitia ao filho fazer suas pequenas contravenções no quarto. Nunca deixou nenhum dos cinco na mão. Nunca deixou a peteca cair. E nunca deixou de lutar para denunciar a tortura, os torturadores, para que a verdade de sua família se tornasse um emblema político.

E a verdade era dura. Rubens, que não estava diretamente ligado à luta armada, mas escondia gente, dava dinheiro, ajudava os mais desesperados, foi levado de sua casa, no Leblon, no dia 20 de janeiro de 1971 para o DOI-Codi. Morreu na noite de 21, foi transportado na madrugada do dia 22 e esquartejado enquanto a mulher e a filha mais velha eram interrogadas.

Eunice teve que aceitar a morte do marido apesar da ausência de provas. Cada um dos cinco filhos fez o luto a seu tempo, enterrou o pai como pôde. E nenhum deles, muito menos ela, desistiu de fazer o possível para escrever a memória do Brasil. A identidade de um país só se faz quando revemos o passado, e Eunice sabia disso. Ironia do destino, anos depois foi diagnosticada com Alzheimer. Logo ela, que tanto batalhou pela memória, vê a sua se apagar um pouco a cada dia.

Mas aí vem o filho e escreve um livro sobre a mãe. Sobre a sua força, a sua capacidade de reinvenção. Quem fica é quem sofre, sem dúvida. Mas é também quem se reinventa. Eunice soube fazê-lo, assim como soube contribuir para a construção da nossa história. E Marcelo faz o mesmo com esse livro que responde às perguntas que a mãe, já doente, coloca: "O que estou fazendo aqui?", "O que é mesmo que vim fazer aqui?".

Aprender a perguntar-se é, para Julián Fuks, aprender a resistir. Seu romance tem a forma de perguntas que surgem como possibilidade de escrita — e resistência. O que o narrador tem ao seu dispor é a memória. E a memória é escorregadia, fugaz, guarda silêncios que muitas vezes se tornam indagações. Como aconteceu exatamente? Que história deixaram para trás? Pode um exílio ser herdado? A perseguição política também está submetida às normas da hereditariedade?

Envolvidos com a militância de esquerda durante a ditadura na Argentina, os pais do protagonista fugiram para o Brasil trazendo uma mochila e o filho adotado, ainda bebê. Os outros dois nasceriam em São Paulo, e a Argentina se tornaria mais uma pergunta, talvez a principal, a pergunta sobre a origem. Ou a origem das perguntas. Aquilo que o protagonista não conhece nem pode entender. As atrocidades de um regime que tortura, mata, esconde. De um regime que silencia.

"Que força tem o silêncio quando se estende muito além do incômodo imediato, muito além da mágoa, mas também muito além da culpa", observa o narrador, que só ganha nome no final do livro. Já o irmão adotado, este não será nomeado nem no fim. É ele quem encarna as perguntas — embora não indague — e o silêncio, outro motor do romance. O silêncio do Estado, como no livro de Marcelo, mas também o silêncio da família, um entrelaçado ao outro. O irmão é o único dos filhos que poderia se considerar realmente argentino; o único exilado, perseguido junto com os pais. Mas é ele quem nunca vai a Buenos Aires. Quem se tranca no quarto: "tão largo era seu recolhimento, tão ressonante seu silêncio." Torna-se um estranho nessa família que será sempre estranha, como são aqueles que deixam um país. O rapaz se torna inacessível, tal como o passado. As respostas fogem, e a história se constrói nos restos da memória.

A memória que é também as suas falhas, o seu silêncio. O recalcado, diriam os pais psicanalistas do protagonista, aquilo que não se quer admitir, mas que não é esquecido. De quem sou filho? — eis a pergunta que assombra o livro, sem que o irmão jamais a coloque.

Nas dores cabe apenas o silêncio, diz o narrador. Mas, de repente, a palavra emerge, e passamos a conhecer a figura de Marta María Brea, amiga dos pais, desaparecida durante a ditadura e reconhecida como morta 34 anos depois. Só quando recebeu a carta que contava a verdade, a mãe "pôde vasculhar em seu íntimo as ruínas calcificadas do episódio, pôde enfim tocá-las, movê-las, construir com o silêncio das ruínas, e com seus traços deformados, o discurso que proferiu em sua homenagem". E nesse discurso o protagonista descobriu "a história que faltava".

São muitas as histórias que faltam. Quem são os pais de seu irmão adotado? Onde estão os netos das Avós da Praça de Maio? Por que a história insiste em retornar? Por que seu irmão não sai da clausura? Por que a vida é interrompida pela paralisia e pelo silêncio?

E, no entanto, o irmão está lá, no quarto. Como Eunice Paiva ainda está aqui. Coube ao filho e ao irmão escrever. Escrever é uma forma de abrir a porta do quarto, de dizer: sai daqui, ocupa a sala, a cidade, o país, a história. Julián fala por quem não fala, pergunta por quem não pergunta (ao menos, não com palavras). Mas também se cala, porque sabe que, em algumas circunstâncias, calar não é trair, é resistir. Calar é não ocupar o espaço do outro, deixar ressoarem as perguntas colocadas, sem lhes dar respostas.

A certa altura, diz o narrador: "Isto não é uma história. Isto é história." Mais uma convergência entre esses dois livros, cujos autores sabem que, ao abordarem as narrativas particulares dessas famílias, estão escrevendo a história de uma América Latina arruinada pelo terror de Estado. Embora muito diferentes na estrutura, coincidem na necessidade de exposição de uma ferida e na construção da memória. Sinal de que a literatura pode nos ajudar a nos elaborarmos como seres políticos. A não querermos 1964 de volta. A não permitirmos que se homenageie um torturador em público.

29 de abril de 2016

Coisas que ela sabe

Há tempos, um livro não me fazia chorar tanto quanto *Things I don't Want to Know* [Coisas que não quero saber], de Deborah Levy. Ano passado, eu tinha lido seu romance *Nadando de volta para casa*, finalista do Man Booker Prize 2012, e sucumbido de tal forma à força de sua escrita, que não resisti quando soube que estaríamos no mesmo festival literário na Inglaterra. Comprei dois livros seus e lhe pedi para autografá-los. Um deles indicava na capa o teor de seu conteúdo: uma resposta ao ensaio "Por que escrevo", de George Orwell. Um mês depois, de manhã bem cedo, na sala de leitura de um hotel situado no topo de uma montanha em Portugal, não parei de chorar nem quando os outros hóspedes passaram por mim, em direção ao restaurante. Deviam se perguntar quem era a louca que soluçava às sete da manhã, de estômago vazio, num lugar tão tranquilo.

No ensaio de 1946, Orwell lista quatro motivos que levam alguém a se tornar escritor: 1. Egoísmo puro; 2. Entusiasmo estético; 3. Impulso histórico; e 4. Propósito político. Na ordem inversa, Deborah Levy responde a cada um desses motivos, não de forma organizada e objetiva, mas segundo o que Orwell afirma antes de listá-los. Diz ele: "Não acho que alguém possa avaliar os motivos de um escritor sem saber alguma coisa da sua vida anterior. (...) antes que comece a escrever, ele já terá adquirido uma atitude emocional da qual nunca conseguirá escapar completamente. (...) se escapar de todas as suas influências iniciais, terá matado seu impulso de escrever." Deborah não escapa. Por isso, não poderia responder por que escreve se não retornasse à sua infância na África do Sul.

Tudo começa numa escada rolante. Em várias escadas rolantes. Numa primavera em que ela estava em guerra consigo mesma, e toda vez que era levada escada acima, lágrimas caíam sem nenhuma razão aparente. Decide, então, se isolar em Maiorca, na mesma pensão familiar, barata e sossegada onde escreveu seu primeiro romance. Enquanto narra sua estadia na ilha, como a noite em que, física e emocionalmente perdida, sai com traje de banho no meio do frio e é encontrada por Maria, a dona da pensão, Deborah deixa que a memória vá ganhando forma. Revisita, por exemplo, um caderno de notas de 1988, quando foi convidada a escrever sobre uma performance dirigida pela atriz Zofia Kalinska, na Polônia. Percebe que, ao longo da vida, levou em conta os conselhos dados por Zofia aos outros atores: "A forma nunca deve ser maior do que o conteúdo, especialmente na Polônia. Isso tem a ver com a nossa história: supressão, os alemães, os russos. Temos vergonha, porque temos muita emoção." Zofia observa ainda que um ator deve falar para fora, o que não significa falar alto, mas exprimir um desejo. "Quando você está pronto para segurar esse desejo e transformá-lo em linguagem, pode sussurrar, que a audiência irá ouvi-lo."

É da sua incapacidade de falar alto, e da sua necessidade de se expressar, que Deborah trata na segunda parte, "Impulso histórico". Num jantar com um lojista chinês de Maiorca, ele lhe pergunta — apesar de conhecer a resposta — se é escritora. Diante da longa hesitação, ele questiona por que os ingleses não sabem falar outra língua? Deborah retruca que não é completamente inglesa e começa a contar de onde veio. Então, somos levados para a África do Sul da primeira metade dos anos 1960, em pleno apartheid.

Ela tem 5 anos e pela primeira vez vê a neve cair do céu. Com o pai, vai até o jardim fazer um boneco. À noite, policiais batem à sua porta e exigem que ele os acompanhe. Da janela, a criança vê o pai partindo com "homens que torturam outros homens e às vezes tatuam suásticas em seus punhos". Ela ouviu as conversas com a mãe e sabe disso. Ainda assim, pergunta ao boneco de neve: O que vai acontecer? Maria, sua babá, cujo nome verdadeiro é Zama, tenta consolá-la: "Se você não acredita no apartheid, pode ser preso. Você tem que ser corajosa hoje e amanhã, como outras crianças têm que ser corajosas, porque seus pais também foram levados." O mundo surge com sua violência extrema diante dos olhos da menina. Deborah vê tudo, mas não pode falar sobre nada. Não pode dizer na escola por que seu pai está na cadeia. Não pode revelar o verdadeiro nome de Doreen, a filha de Maria, com quem costuma brincar, porque, na África do Sul, os negros recebem nomes ocidentais, como os escravos outrora recebiam, para facilitar a vida dos brancos que chamam por eles. Tampouco mencionar que Doreen, ou Thandiwe, vive em sua casa, pois os negros não podem viver com os brancos. Nem que seus pais conhecem Nelson Mandela. Não pode dizer que é judia, ou será perseguida pela professora. São tantas as coisas sobre as quais não se pode falar na África do Sul dos anos 1960, que a menina emudece.

Dois anos depois, o pai ainda não voltou. Na escola, ninguém a compreende, pois ela fala baixo demais, tem que repetir várias vezes as mesmas palavras. É chamada à diretoria por não obedecer às ordens da professora, e sua mãe acaba por enviá-la a Durban, para uma temporada com a madrinha, Dory. Aqui, só aumentam as violências indizíveis. Deborah não pode contar aos pais que os padrinhos possuem armas para se proteger de uma possível invasão de ladrões negros, nem dizer aos padrinhos que sua filha Melissa, uma suposta Barbie de carne e osso, a levou para conhecer o namorado indiano no subúrbio. Quando crescesse, Deborah queria ser que nem Melissa, queria fumar cigarros e estudar taquigrafia que nem ela. Mas, por ora, devia aprender a falar alto. "Fala mais alto", insiste Melissa.

Na medida em que as proibições de falar aumentam, a menina se cala. E na medida em que se cala, vê crescer dentro de si a necessidade de se expressar. Todos, inclusive o pai, numa carta, dizem para ela falar alto o que atravessa a sua mente. Ela prefere escrever. No caderno, surgem as coisas que ela não queria saber: o pai desapareceu, Thandiwe chorou no banho, os dedos de Joseph foram cortados, Mr. Sinclair bateu em suas pernas. Muitos anos vão se passar até a menina publicar um texto sobre esses episódios. Quando isso acontecer, a força inicial ainda vai estar lá. A mesma força que a inundava nos quatro anos em que esperou pelo pai; a mesma potência de vida diante dos fatos brutais que teimavam em esmagá-la; a mesma vontade de viver, o mesmo encantamento com o mundo e o desejo de agarrá-lo.

Nesse relato pessoal, Deborah narra como, ainda criança, absorvia os acontecimentos, vivia as dores em silêncio. No fundo, ela parecia saber que, por mais que demorasse, em algum momento conseguiria falar. Seu texto me fez pensar em *O retorno*, da portuguesa Dulce Maria Cardoso, narrado a partir do ponto de vista de um rapaz que vê o pai ser levado na Angola recém-independente. O romance é a espera e a dúvida acerca do regresso desse pai, enquanto o próprio narrador tem que "voltar" para a metrópole da qual faz parte sem nunca ter estado nela. Essas duas histórias revelam uma enorme habilidade em mostrar de que forma as crianças e os adolescentes vivem momentos tão dramáticos, construindo uma espécie de vida à parte.

O que me emocionou no livro de Deborah Levy foi ver a força pulsando na menina, depois na adolescente que, imitando Sartre e Beauvoir, ia fumar e escrever num café, alguns anos após ter trocado a África pela Inglaterra. Nisso residia seu egoísmo puro, em querer esquecer o passado e se tornar inglesa, parecer mais esperta e triste do que de fato era. Por fim, a mesma força na escritora que, para conjugar os quatro elementos mencionados por Orwell, teve que aprender a "falar para fora, falar um pouco mais alto, depois mais alto e, então, falar apenas com a minha própria voz, que não é nada alta". Deborah aborda questões profundamente políticas e históricas pela margem, pelos cantos. Por isso mesmo, consegue ser tão contundente. Sem fazer alardes, fala das violências que a atormentam. Da necessidade de ultrapassar as funções sociais impostas às mulheres e continuar escrevendo.

Tenho pena que esse livro ainda não esteja disponível no Brasil. Enquanto isso, fica a dica: *Nadando de volta para casa*. Era esse o romance que ela escrevia em Maiorca, enquanto se perguntava: "O que fazemos com o conhecimento com o qual não suportamos viver? O que fazemos com as coisas que não queremos saber?" As coisas que ela não quer saber estão lá. Transformadas, claro. Pronunciadas numa voz muito baixa, mas muito nítida.

7 de novembro de 2014

PARTE III:

ONDE HÁ LITERATURA, HÁ MUNDO

Não sei o que fazer

Em Nice, um atentado. Em Munique, um atentado. Em Cabul, um atentado. Na Síria, um ataque aéreo. Na Turquia, uma tentativa falhada de golpe e uma caça às bruxas: milhares de professores demitidos, escolas fechadas, intelectuais perseguidos. No Mediterrâneo, refugiados afogados. Pelo mundo, mas sobretudo no Oriente Médio, mulheres sem liberdade. No Reino Unido, portas se fechando. No Rio de Janeiro, estado de calamidade pública. Nem o nosso jeitinho, que faz tudo funcionar em cima da hora, está dando certo desta vez.

Isso é só o aperitivo do mundo hoje, em pleno século XXI. De um mundo que às vezes parece andar para trás. Um mundo que não sabe ler História, que não sabe ler de forma geral, não sabe interpretar. E, por isso, nos desanima tanto. Mas é nele que vivemos, nele que existimos, insistimos, resistimos. É nele que cada um luta, à sua maneira, por um bocado de felicidade. De um jeito ou de outro, terminamos por consegui-lo. Com nossas viagens, nossos amores, nossos amigos, nossos filhos ou nossos trabalhos. Alguns com muito dinheiro, outros com quase nada, damos, aqui sim, o nosso jeitinho. Pois é a vida que nos cabe, e não queremos desperdiçá-la.

Mas, quando saímos da esfera privada e lançamos nosso olhar para a esfera pública, logo ficamos estupefatos. Uma pergunta aos poucos ganha forma, *a* pergunta: O que fazer? É justamente ela o título do mais recente livro do filósofo francês Jean-Luc Nancy, *Que faire?*, que, com essa pergunta, traz outras: Podemos fazer? Como fazer? Com que política? Por um lado, sentimos uma impotência enorme, a sensação de que não podemos nada, de que a política está muito distante de nós, distante de quem supostamente representa, como se a realidade tivesse diferentes camadas, e elas não se comunicassem entre si. Por outro lado, sentimos um desejo enorme de fazer, agir, mudar, dizer: não queremos esse mundo, não queremos essa política.

Em primeiro lugar, é preciso, claro, repensar o escopo do fazer e a noção de política. Retirar o mofo dessas palavras, encontrar outros significados para elas. Este, o trajeto proposto por Nancy. Já na abertura do livro, no "pequeno preâmbulo ativista", ele nos incita: "Não se contente em ler. Faça alguma coisa." Uma ordem que chega a parecer datada, fora dos parâmetros de seu pensamento (como se ler não fosse fazer). Mas aí, nós, que queremos fazer alguma coisa, mas não sabemos o que, mergulhamos no universo de suas reflexões e entendemos que, o que poderia nos parecer panfletário, se não irônico, faz sentido a partir do momento em que reconsideramos as noções de *política* e de *fazer*.

Ao longo do século XX, houve momentos em que a arte se ligou explicitamente à política. A chamada arte engajada. Talvez Jean-Paul Sartre, Simone de Beauvoir e André Malraux sejam os principais nomes dessa tendência no campo literário. Uma tendência que recebeu muitas críticas. Esses três autores pensavam a literatura de uma forma interessada, ou seja, como um meio para se transformar o mundo. A literatura serviria para esse fim. *A idade da razão*, de Sartre, por exemplo, é um romance que defende mais uma tese do que seus personagens, ou do que a própria escrita.

A maior parte da chamada literatura engajada não criou romances tão bons quanto suas ideias. Por isso, seguiu-se posteriormente certa recusa desse modo de fazer literário. A utopia de que a literatura poderia mudar o mundo passou a ser visto como um clichê. Um clichê que não nos levaria a parte alguma. Já estava provado que ela nada poderia contra ou pela política. Então, os escritores começaram a dizer que a literatura não serve para nada, que é, como toda e qualquer arte, desinteressada. Não que isso seja uma novidade. Kant já sustentava essa ideia.

Mas, agora, de repente, diante das calamidades dessa segunda década do nosso século, voltou a urgência, entre os escritores, de querer *fazer*. Não sei se voltaremos a ter uma literatura engajada nos moldes existencialistas. Acredito e espero que não. Antes de tudo, precisamos — e agora retomo Jean-Luc Nancy — repensar o *fazer*, fora do fluxo da "produção". E aí a arte desinteressada pode, sim, ser política. De uma política que não essa dos Estados, dos governantes. Uma política mais próxima do nosso modo de existência. Ou uma política que se confunde, que se cria — que *se faz* — como modo de existir.

Num mundo em que tudo tem que ter interesse (não no sentido de ser interessante, mas de servir a alguma coisa, sobretudo, ao lucro), uma criação desinteressada não deixa de ser um grito de revolta. É, justamente, uma possibilidade de se questionar uma lógica que só funciona pelo mercado, de uma sociedade que só funciona pelo lucro. Uma forma de se repensar a política, não pelo viés econômico.

Segundo Jean-Luc Nancy, a democracia alimentou o desejo de encarnar no povo o princípio de uma significação superior, suprema, que até aqui parecia ter encontrado suas formas direta ou indiretamente divinas. E "no recurso à significação superior da política (ou *do* político) pode-se, com frequência, reconhecer um desejo de onipotência". O Estado, "o mais frio de todos os monstros frios", diria Nietzsche, mente descaradamente quando diz ser o povo. Este, por sua vez, terminou reduzido a público eleitor ou população a gerir. "O objeto da gestão foi nomeado 'a multidão' ou 'a massa'", conclui Nancy.

Tendo em conta que, apesar de parecer, não andamos para trás, Nancy diz ainda que o modelo de Estado especificado como "Estado-nação" e/ou "Estado de direito" "está sendo colocado pela história em seus próprios rastros". Para onde vamos, não sei. Mas, segundo o filósofo francês, nós já estamos fazendo alguma coisa. Há uma mutação em andamento — embora seja preciso esperar dois ou três séculos para saber qual.

Fazer, nessa perspectiva, é indissociável de existir. Trata-se de uma questão de ser, e não de produzir. Afinal, "é justo que todos e cada um possam não produzir um sentido próprio mas existir numa circulação de sentidos que não se resuma a dominar ou ser dominado". A partir do momento em que *fazer* se dissocia da produção, torna-se um verbo intransitivo. Não é questão mais de fazer alguma coisa, mas de, fazendo, se fazer.

Nancy observa que, se as expressões "fazer a Europa" ou "fazer a paz" mal se distinguem de "fazer parecer", ou ainda de "fazer esporte", isso significa que o *fazer* está fragilizado. Esse fazer fragilizado — o *fazer alguma coisa* — me lembra Bartleby e sua recusa no célebre conto de Herman Melville. Escrivão num escritório de advocacia em Wall Street, Bartleby, a princípio, se mostra um funcionário exímio, fazendo todas as coisas que lhe cabem. Aos poucos, começa a recusar determinados serviços, até chegar ao ponto em que, a cada vez que lhe chega um trabalho, pronuncia uma única resposta: "Prefiro não." E, assim, ele se subtrai ao mundo de negócios de Wall Street.

Mas o livro de Jean-Luc Nancy não vai tanto por esse caminho de "preferir não fazer". Vai, antes, pelo questionamento de Marianne, personagem de Anna Karina no filme *Pierrot le fou*, de Jean-Luc Godard, que caminha à beira-mar se perguntando incessantemente: "O que eu posso fazer? Não sei o que fazer." Não saber o que fazer é "esperar ou interrogar a própria possibilidade de um *fazer* sobre o qual temos noção sem conhecer sua eficácia".

Que faire? é um livro sem grandes respostas, mas repleto de perguntas. E em tempos de urgência, tempos loucos como o nosso, eu diria que mais valem as perguntas do que as respostas. São elas que nos movem. São elas que nos impulsionam a *fazer*, a criar novos modos de existência, a existir mesmo. Perguntemos insistentemente, como faz Marianne no filme de Godard. E, ao mesmo tempo, pronunciemos as mesmas palavras de seu amante Ferdinand: "Silêncio! Estou escrevendo!"

5 de agosto de 2016

Transexual, e daí?

Embora o Brasil tenha se visto numa verdadeira arena de gladiadores no período que antecedeu as eleições, foi triste perceber que, no fim, muitas das questões fundamentais para a construção de uma verdadeira democracia — como os direitos das minorias sexuais — não foram discutidas com seriedade. Por um lado, houve algum avanço. Levy Fidelix virou alvo de chacota. Marina Silva desencadeou sua derrota depois de recuar no apoio ao casamento gay. O deputado Jean Wyllys, único congressista abertamente homossexual, recebeu dez vezes mais votos do que na sua primeira eleição. Por outro, parece que esse tema só entra de raspão na conturbada cena do nosso pensamento político, como uma criança que corre entusiasmada para o mar num dia quente, mergulha o pé na água gelada e decide voltar para o conforto da barraca dos pais. Mas a criança está só aprendendo a lidar com as contradições da vida, e a sua escolha não faz mal a ninguém. Ao contrário das decisões dos políticos, que têm consequências na vida de todos nós. E o que eles fazem? Tocam no assunto, depois recuam, como se concluíssem, conformados: é assim mesmo, somos uma sociedade homofóbica, qual o próximo tópico? E continuam a discutir, como se nada tivesse acontecido.

Mas, se não falam eles, falamos nós. Motivada pela leitura do último romance de Alexandre Vidal Porto, *Sergio Y. vai à América*, eu queria trazer à baila a abordagem da identidade sexual na literatura brasileira contemporânea que, do meu ponto de vista, é um passo importante para a aceitação das minorias. Quando não há leis, temos de construí-las com a arte, com o pensamento. De forma geral, o livro de Alexandre aborda o tema como todos nós deveríamos abordá-lo: com a maior naturalidade do mundo. Ser gay não é nenhuma anormalidade. É tão banal quanto não sê-lo. O personagem principal do romance descobre-se transexual, sem nenhum espanto. "Com Sandra, as coisas foram mais fáceis do que com a maioria dos pacientes. Ela entendia muito claramente o que lhe passava, sua condição", afirma a terapeuta americana de Sergio, que o ajudou a se tornar Sandra.

"O corpo, a aparência física, é a maior fonte de angústia para um transexual", diz o narrador. E quem narra a história é o Dr. Armando, psiquiatra e terapeuta de Sergio, um adolescente que surge em seu consultório por indicação da diretora da escola, em São Paulo. Armando é um sujeito obcecado pelos detalhes, meticuloso no trabalho, dedicado a cada paciente. "Se eu permitisse, minha vida seria invadida e tomada por questões pessoais que não me pertencem", diz ele. Mas só leva adiante casos clínicos que o estimulam. Quando um paciente deixa de instigar seu interesse, procura dispensá-lo o quanto antes. No entanto, se ocorre o contrário, Dr. Armando sente "uma infelicidade profunda: infantil e injustificável".

Esse é o motor da narrativa. Um belo dia, depois de uma viagem de férias a Nova York com os pais, Sergio anuncia que irá interromper o tratamento. Sem mais nem menos, some, dizendo ao médico que o que ele fizera até ali era suficiente. Dr. Armando se mostra inconsolável diante da decisão daquele paciente "articulado, inteligente e confuso". Anos depois, encontra a mãe do rapaz num supermercado, e acaba sabendo que ele se mudou para Nova York, onde estuda gastronomia e abriu um restaurante. Poucas semanas após esse encontro, o psiquiatra lê no jornal o anúncio fúnebre de Sergio Y. Então, a ausência de sentido cai no seu colo. Como pode ter morrido se a mãe lhe garantira que ele estava feliz? Pode a morte chegar de repente para levar alguém que foi atrás da felicidade e finalmente a encontrou?

As buscas se misturam: a busca do psiquiatra pelos vestígios do antigo paciente a fim de reconstruir a sua história; a busca pela identidade sexual de Sergio; e a busca da própria literatura por um sentido para a vida. Numa espécie de policial pós-moderno, em que as perguntas interessam mais do que as respostas, Alexandre Vidal Porto traça o percurso de um personagem que tem um único, e singelo, objetivo: ser feliz. Como seu bisavô armênio, que trocou a terra natal pelo Brasil, ou como Adriana Zebrowskas, imigrante lituana que relata, numa narrativa dentro da narrativa, sua transformação em homem no princípio do século XX. O primeiro passo de Sergio rumo à felicidade é encontrar um corpo em que se sinta à vontade, e é assim que ele se torna Sandra. Depois de resolvida essa questão, suas possibilidades existenciais se ampliam. O corpo deixa de ser um problema, e ele pode se dedicar aos estudos, se tornar um chef promissor, abrir um restaurante. Este me parece um dos pontos cruciais de *Sergio Y. vai à América*: a identidade de gênero é apenas uma entre tantas outras coisas que fazem parte da vida do ser humano. Se quem não se sente em casa no seu corpo puder escolher o que fazer com ele, como se vestir, como se colocar no mundo, o problema deixa de existir. Infelizmente, Sergio precisa se distanciar da família, sair do Brasil, para encontrar em Nova York a tranquilidade que aqui não encontraria.

Talvez encontre um dia. Não o Sergio Y. do romance, mas outros que também precisam construir e afirmar sua identidade sexual longe da árvore, como diria Andrew Solomon em seu estudo sobre famílias com filhos marcados pela excepcionalidade. Por isso, é bom que a literatura brasileira contemporânea esteja abordando esse tema de forma mais aberta e recorrente. Autores como Silviano Santiago, Cíntia Moscovich, Marcelino Freire, Simone Campos, Santiago Nazarian, entre outros, têm trazido para a cena personagens que lidam naturalmente com a sua homossexualidade. Luiz Ruffato organizou a antologia *Entre nós*, que gira em torno dessa temática. Sobre o universo transexual, além do livro de Alexandre Vidal Porto, também podemos pensar em *Do fundo do poço se vê a lua*, de Joca Reiners Terron, em que Wilson, para se livrar da semelhança com seu irmão gêmeo, se transforma em Cleópatra, e em *Deixei ele lá e vim*, de Elvira Vigna, que conta a história da morte de uma garota de programa, narrada por um travesti.

Voltando no tempo, talvez possamos pensar em *Grande sertão: veredas* como uma abertura para o tema. Ao ler, no livro de Alexandre, o trecho em que Adriana Zebrowskas se veste de homem pela primeira vez, logo me lembrei de Diadorim. É verdade que Diadorim se veste de homem por outro motivo: precisa contornar o fato de ser mulher para se tornar um jagunço. Mas também é verdade que ela encontra prazer na sua persona masculina, e que o amor de Riobaldo começa, e se estende, enquanto Diadorim aparece com identidade masculina.

Haverá controvérsias sobre essa leitura, sem dúvida. Como também haverá controvérsias na interpretação de Dr. Armando, o psiquiatra que falta com seu juramento profissional para contar aos leitores a trajetória de um paciente cuja morte "não fazia sentido". Alexandre Vidal Porto inverte o que se espera de um terapeuta e de um paciente. Em seu romance, é o primeiro quem percorre caminhos sinuosos em busca de uma resposta. A partir de sua inquietação, acabamos mergulhando no universo de Sergio/Sandra. Mas quem nos garante que os fatos aconteceram tal como ele narra? Quem garante que, nessa investigação supostamente neutra, médico e paciente não se misturam?

Tanto o processo de terapia quanto a própria literatura nos levam a essa multiplicidade de interpretações. O que importa, mais do que a chegada, é a travessia. E a travessia de Alexandre Vidal Porto nesse romance se faz com uma escrita extremamente sóbria, natural e simples, tal como a sociedade brasileira deveria encarar a questão da homo e da transexualidade. Sem grande alarde, sem grandes firulas, sem julgamento moral, mas com a seriedade que o tema merece. Se os nossos políticos seguissem o seu exemplo, Sergio Y. não precisaria ir à América para encontrar a felicidade.

21 de novembro de 2014

Fora de si

A filosofia nem sempre acolheu a emoção. Ao contrário, se tomarmos de um ponto de vista histórico, veremos como a emoção esteve ligada às artes, mas não ao pensamento. Platão condenava os poetas por verem apenas a sombra da verdade. Kant opunha a emoção à razão, dando primazia à última. A emoção, segundo a filosofia clássica, nos impediria de refletir, nos colocando num impasse do pensamento e do ato.

No livro *Quelle Émotion! Quelle Émotion?* [Que emoção! Que emoção?], resultado de uma conferência para jovens, Georges Didi-Huberman nos mostra de que forma a filosofia contemporânea trouxe a emoção para o pensamento como possibilidade de transformação não apenas pessoal, mas, sobretudo, social.

Ele parte de figuras de crianças chorando, homens e mulheres loucos, para primeiro colocar a questão: por que nos envergonhamos do choro? Demonstrar a emotividade, na maior parte dos casos, não é um gesto bem-visto. Aquele que se expõe se sente frágil; aquele que vê o outro se expor pensa que ele é covarde por não saber manter a discrição. Charles Darwin, ao descrever as "raças humanas diferentes dos europeus", afirma que "os selvagens derramam lágrimas abundantes por motivos extremamente fúteis", como as crianças. A idade da razão, dos adultos, seria, então, aquela em que conseguimos reprimir essa tendência primitiva a exprimir as emoções. Como os ingleses da época de Darwin, que, segundo ele, não choravam.

É comum pensarmos que quem mostra suas emoções se expõe ao ridículo. Com a exposição, vêm também o pudor e a vergonha. Sobre alguém que não sabe se controlar, diz-se frequentemente, e com desprezo, que "ele é patético" Isso, porque essa pessoa expõe sua fraqueza, sua impotência, sua impossibilidade de enfrentar aquilo que a tocou. Didi-Huberman começa por criticar o desprezo contido na sentença: "Ele é patético", a partir de uma análise etimológica da palavra *patologia*.

Aristóteles deduzia a palavra *pathos* daquilo que chamamos, em gramática, de "forma passiva" de um verbo. De onde se conclui a diferença entre fazer uma ação e sofrer uma paixão. A emoção esteve, assim, ligada ao *pathos*, à paixão, ou à impossibilidade de agir. Por isso, a filosofia clássica considerava a emoção como uma fraqueza, uma impotência. Para Kant, a emoção era um "defeito da razão", uma "doença da alma". Não apenas a tristeza profunda, mas também a alegria exacerbada impossibilitava a reflexão. A filosofia estaria, portanto, do lado das coisas comedidas, longe dos extremos.

Mas aí vem a filosofia contemporânea e trava a sua batalha em prol da emoção. Hegel afirma que, sem impasses, não saberíamos o que é uma passagem, e devolve ao *pathos* a sua dignidade frente ao *logos*. Em seguida, Nietzsche se coloca mais ao lado dos poetas trágicos do que dos filósofos lógicos. A dor sofrida, antes vista como passiva, mas que Hegel já chamava de privilégio, torna-se o que Nietzsche denomina "fonte original". Essa fonte se encontra mais na literatura, na música, nas artes de forma geral, do que na filosofia clássica.

É nesse ponto que as artes começam a sair da caverna platônica, abandonando o lugar de sombra da verdade para se tornar um caminho possível até ela. Ou até elas, as verdades múltiplas para as quais a arte nos leva quando somos tocados. Desde Nietzsche, afirma Didi-Huberman, "os filósofos são um pouco mais emocionados e um pouco menos professorais". A emoção deixa de ser um sofrimento passivo. Segundo Henri Bergson, as emoções são gestos ativos. Uma *emoção* quer dizer uma *e-moção*, ou seja, um movimento que nos coloca fora de nós mesmos. Trata-se, portanto, de um gesto ao mesmo tempo interior e exterior. "Está em mim, mas fora de mim", conclui Huberman.

Os existencialistas também se abriram à emoção. Sartre dizia que em vez de nos tirar do mundo, "a emoção é uma forma de apreendê-lo". Merleau-Ponty, que o acontecimento afetivo da emoção é uma abertura efetiva, "uma forma de conhecimento sensível e de transformação ativa do nosso mundo". E Freud, ao inventar a psicanálise, mostra como a emoção nos atinge sem que saibamos por que nem em que ela consiste.

Didi-Huberman estabelece a emoção como um movimento fora de si. Ao mesmo tempo "em mim" e "fora de mim", o que me faz pensar em "Horla", o célebre conto de Maupassant que Jacques Lacan lê como *hors-là*, fora daqui, fora de si. O ser desconhecido e estranho seria o que nos deixa fora de nós mesmos. Assim é a emoção. Ela nos possui, mas nós não a possuímos completamente, pois permanece nela algo da ordem do desconhecido.

Dessa extrapolação de si vem o conceito do "fora", criado por Maurice Blanchot e retomado posteriormente por Gilles Deleuze e Michel Foucault. A arte estaria nesse fora do mundo, que é também o seu inverso, nesse fora de nós mesmos. Deleuze afirma que "a emoção não diz 'eu'. Está-se fora de si. A emoção não é da ordem do eu, mas do acontecimento". A intensidade não é maior na sentença "eu sofro", do que na sentença "ele sofre". Isso não quer dizer que a dor pessoal não interesse. Interessa, sim, na medida em que também é capaz de sair de si e tocar o outro. De nada adianta passar a noite na cama chorando o próprio sofrimento e no dia seguinte enxugar o rosto e sair para o trabalho. A emoção torna-se ato quando nos extravasa e, então, podemos fazer uso dela na sociedade. Um uso que potencializa a transformação. Em outras palavras, um uso ético.

Se as emoções são *moções*, movimentos, *co-moções*, também engendram transformações naqueles que se emocionam. Transformar-se, afirma Didi-Huberman, é passar de um estado a outro. Ele toma como exemplo de transformação política uma cena emblemática do filme *Encouraçado Potemkin*, quando as mulheres, diante do marujo assassinado, aos poucos transformam o choro do luto numa raiva silenciosa (as mãos enlutadas se tornam punhos cerrados); depois, a raiva silenciosa em discurso político e cantos revolucionários. "Como se o *povo em lágrimas* se tornasse, sob nosso olhar, um *povo em armas*", comenta o ensaísta francês.

Dessa forma, a emoção sai definitivamente do campo passivo para o campo ativo. Não mais impotência, ela é a própria potência da transformação. Da memória em desejo, do passado em futuro, ou da tristeza em alegria. A emoção tem sempre uma alegria, por mais triste que seja: a alegria de ser tocado. Às vezes, acontece de um leitor vir me dizer que chorou muito lendo algum livro meu. Hesito, sempre, entre agradecer ou me desculpar. Quando, por engano ou falta de jeito, me desculpo, o outro acaba por me dizer: "Não precisa pedir desculpas. É bom."

A arte tem esse poder de transformar emocionando. Uma pessoa, várias pessoas, um povo. É essa emoção que interessa à filosofia contemporânea. Um movimento para fora capaz de se abrir para questões da sociedade, como o luto das mulheres do filme de Eisenstein, que termina por virar uma revolução política. Para provocar uma transformação ativa, e efetiva, a emoção tem que sair do quarto privado — mesmo que comece nele — e ganhar o mundo, o tal povo que falta, como nos diz Deleuze, ou a comunidade que vem, nas palavras de Giorgio Agamben, ou ainda a comunidade inconfessável de Blanchot. Aí, sim, ela se torna social.

8 de maio de 2015

Alegria da escrita

Anos atrás, quando li *Jerusalém*, de Gonçalo M. Tavares, fui tomada por uma potência de vida: tinha vontade de saltitar, dançar, tomar um banho de mar, ler e escrever sem parar. Um sentimento talvez contraditório ao mundo criado pelo autor nesse romance — um dos seus "livros negros" —, que inicia com Ernst Spengler debruçado sobre uma janela, prestes a se atirar, e Mylia Busceck pensando nas palavras fundamentais da sua vida: "Dor, dor era uma palavra essencial." Personagens que não dançam nem saltitam. De onde, então, aquela repentina vontade de que a vida se expandisse, em outras palavras, aquela alegria?

Mylia está doente. Foi operada quatro vezes e agora tem um ruído no centro do corpo. Não viverá mais do que um, dois anos, mas a doença já não a assusta, faz parte de si. Ela sai de madrugada em busca de uma igreja — de uma atenuante para a sua dor — e, a certa altura, sente que precisa comer alguma coisa para não morrer. Num orelhão, marca um número e espera quatorze toques até ouvir a voz do outro lado: Ernst, que se descola da janela para atender o telefone.

A escrita de Gonçalo M. Tavares é justamente isto: o alimento que impede Mylia de morrer. O telefonema que impede Ernst de saltar no vazio. Gilles Deleuze, no pequeno ensaio "A literatura e a vida", afirma que a literatura é uma saúde. O escritor, um médico. "Não que o escritor tenha forçosamente uma saúde de ferro (...), mas ele goza de uma frágil saúde irresistível, que provém do fato de ter visto e ouvido coisas demasiado grandes para ele, fortes demais, irrespiráveis, cuja passagem

135

o esgota, dando-lhe contudo devires que uma gorda saúde dominante tornaria impossíveis", diz o filósofo francês. Em *Jerusalém*, a morte nos ronda a todo instante, assim como o lado mais sombrio do ser humano, mas a força e a inventividade com que são narrados nos colocam antes do lado da vida, não do fim.

Caminhando de madrugada na rua, também estava Theodor Busceck, ex-marido de Mylia e médico renomado. Excitado com a imagem de uma mulher nua sobre a cama, de pernas abertas e o nariz sangrando, decide andar até o centro. No meio do trajeto, cruza com Hanna, uma prostituta insólita, que "tinha um olhar de quem está a experimentar, de quem está de fora a ver o que sucede às coisas; olhar de cientista". Assim, os personagens vão se esbarrando, com seu passado e seu presente, pelas ruas escuras e quase desertas, enquanto o próprio texto vai formando uma espécie de cartografia da dor.

Foi essa mesma capacidade cartográfica, esses personagens que perambulam até se esbarrar com figuras estranhas mas representativas, que me chamou atenção em outro romance de Gonçalo. *Uma menina está perdida no seu século à procura do pai* conta a história de Hanna, uma adolescente com síndrome de Down, e Marius, que a encontra por acaso, junto com uma pequena cartolina onde estavam anotadas instruções do tipo: dizer o primeiro nome; dizer se é rapaz ou rapariga; dizer a idade. Hanna responde a todas as perguntas e, em seguida, acrescenta: "Estou à procura do meu pai."

Do pai, só se sabe que veio de Berlim. De Marius, que está fugindo. Sua fuga coincide com a busca da menina. Os dois vão até Berlim, de trem. Mas a Berlim do livro é uma cidade misteriosa, com personagens insólitos. Uma cidade que é mais do que uma cidade, a representação de um século — o XX — na cultura ocidental, sobretudo, na Europa da Segunda Guerra. A planta do hotel onde eles se hospedam é uma cópia da estrutura geométrica formada pelos pontos que assinalam os campos de concentração num mapa. Os quartos levam seus nomes. Marius e Hannah ficam no Auschwitz. No Terezin, há anos mora um velho que guarda um segredo: os judeus deixaram de confiar em documentos, papéis, fotografias, e decidiram conservar na memória de sete homens toda a história do século XX. "Esses sete homens são homens-memória cuja única função — além de tentarem continuar vivos — é a de não esquecer um único dado, uma única linha." A crença na memória humana é maior do que a crença em aparatos que inventamos para guardar a História fora do corpo.

As estranhezas não param por aqui. Agam só não se matou porque sua mãe ainda não morreu e porque tem um olho esquerdo que "fugiu ao século, entrou noutro tempo". Josef Berman é um fotógrafo que coleciona fotos de animais e de pessoas com deficiências. Moebius, o dono do hotel, mostra a Marius as suas costas: um verdadeiro "muro humano", tomado pela palavra *judeu* em dezenas e dezenas de línguas. E há ainda Vitrius, um antiquário que adora inventar histórias; e uma família que cola cartazes no mundo inteiro com o intuito de despertar as mentes de todos.

O século parece estar enfermo, assim como a menina. Mas essa semelhança é só aparente. A deficiência de Hanna traz uma grande qualidade. Se, por um lado, ela fala com dificuldade, entende mal o que lhe acontece, não percebe o raciocínio dos outros e tem medo que lhe arranquem os olhos e a língua; por outro, tem uma enorme capacidade de rir. Ri de tudo e para todos. E é o seu riso que dá leveza à dor, que relativiza as tragédias, que traz saúde à doença, como o escritor-médico de Deleuze. Até porque, em realidade, aqueles que, no livro, não têm nenhuma deficiência não são exatamente normais. Ao contrário de Hanna, constroem um mundo obscuro.

O século XX foi duro, a vida é dura, e Gonçalo M. Tavares percorre essa brutalidade em seus livros. "Do que viu e ouviu, o escritor regressa com os olhos vermelhos, com os tímpanos perfurados", anuncia Deleuze. Por ver demais, nos menores detalhes, Agam tem um olho exageradamente vermelho. Mas esse olho, que o leva para fora do mundo, é também responsável pela sua permanência aqui. Agam só não se mata pela mãe e pelo olho. Hanna, por sua vez, ouve tudo, vê tudo, mas sua falta de compreensão total das coisas lhe permite não ficar cega nem surda. Procurar o pai sem realmente procurá-lo. "Já há muito que não procurávamos o pai", diz Marius.

É essa particularidade de presença/ausência, como a de um *flâneur* passeando pela cidade, que faz com que Hanna possa estar sempre rindo. Afinal, estamos aqui também para isso. Não só para as brutalidades do século. Hanna é um devir-criança de uma menina que nunca cresce. E é esse devir que faz com que a gente leia os livros de Gonçalo e, apesar da dor neles contida, tenha vontade de sair dançando por aí.

19 de dezembro de 2014

Prioridades

Navegando pela internet, eu me deparei com um texto de Graça Ramos sobre os terríveis cortes nos programas de compra de livros de literatura — PNBE, a nível nacional, e o Programa Estadual do Livro, de São Paulo. Logo no início do artigo, encontrei a justificativa dada pelos técnicos da equipe do novo ministro, Renato Janine Ribeiro: é preciso haver corte, e as obras de literatura são consideradas menos prioritárias. Então, achei que eu não poderia continuar escrevendo sobre literatura sem antes responder à equipe do ministro.

Claro que nenhum escritor gosta de ver sua profissão definida como menos prioritária, mas quero falar, sobretudo, do ponto de vista da leitora que também sou. Do ponto de vista de uma pessoa que, como pouquíssimas no Brasil, teve acesso à leitura desde pequena — não só de livros didáticos, mas principalmente de literatura. E mostrar aos que pensam como a equipe do ministro que, de menos prioritária, a literatura não tem nada.

Se não fossem os livros que li ainda criança, jamais teria tido o mesmo interesse pelas histórias e os mitos, pela matemática, a geografia, as ciências. Dizer que a literatura nos abre para o mundo, para o outro, que desperta a nossa imaginação e atiça a nossa curiosidade é chover no molhado. Mas, enquanto o Brasil não entender que um país precisa formar leitores de literatura para melhorar a vida de seus cidadãos, não resta senão chover no molhado mesmo. Não adianta criar excelentes políticas de leitura como as que foram elaboradas nos últimos anos e depois, quando vem a crise, cortar logo com elas, como se, por terem sido inventadas tardiamente, não tivessem um valor necessário e urgente. Apenas apetrechos, enfeites na educação.

Quem, senão Monteiro Lobato, me fez conhecer os gregos, os roma nos, os egípcios, os vikings, Marco Polo, a Segunda Guerra Mundial, em sua *História do mundo para as crianças?* Quem me fez gostar de aritmética senão a Emília? De geografia, senão a Dona Benta? Antes disso, aprendi a ler da forma mais divertida possível com Ana Maria Machado e Claudius numa deliciosa coleção que tinha títulos como: *Mico Maneco, Fome danada, Tatu bobo* e *Cabe na mala.* Ziraldo também me ensinou muita coisa. Com *Flicts,* a respeitar a diferença. Com *O menino maluquinho,* que a vida passa depressa e o melhor é aproveitá-la. Até hoje, quando releio este livro, sinto a angústia surgir no fim, a aprendizagem de que tudo passa.

Com Ruth Rocha, fiz as mesmas perguntas inquietas de *Marcelo, marmelo, martelo.* Com Clarice Lispector, aprendi sobre o crime de matar os peixes e sobre lendas do Brasil. Com Vinicius de Moraes, a arca de Noé. Com Sylvia Orthof, que não vale a pena ser uma maria-vai-com-as-outras. Com Cecília Meireles, que a vida é feita de escolhas. Lygia Bojunga me fez pensar sobre a amizade. Guimarães Rosa mudou a minha percepção da Chapeuzinho Vermelho com *A fita verde no cabelo.* Em vez de pura diversão, uma história triste, porém profundamente bonita. Já a *Chapeuzinho amarelo,* de Chico Buarque, me inspirou a vontade de perder o medo.

Mas nada disso é prioritário, claro. Sonhar não é prioritário. Imaginar mundos diferentes do nosso não é prioritário. Aliás, é até um perigo, como nos mostraram ao longo da História os governos totalitários. Corremos o risco de nos dar conta de que a vida pode ser melhor do que é. A sociedade, mais justa. Por isso, se é preciso fazer cortes, que sejam na literatura. Este ano, com o longo adiamento do resultado do PNBE, o governo vai poupar uma graninha. E cerca de 6,7 milhões de livros deixarão de chegar às escolas públicas do Brasil. Mas não precisamos nos preocupar: as escolas privadas continuarão fazendo a sua compra habitual.

Em *Pequenas virtudes,* a italiana Natalia Ginzburg diz: "Penso que se deva ensinar a eles não as pequenas virtudes, mas as grandes. Não a poupança, mas a generosidade e a indiferença ao dinheiro; não a prudência, mas a coragem e o desdém pelo perigo; não a astúcia, mas a franqueza e o amor à verdade; não a diplomacia, mas o amor ao próximo e a abnegação; não o desejo de sucesso, mas o desejo de ser e de saber."

A literatura só é menos prioritária numa sociedade que sustenta o sucesso, o consumo, a vida organizada e sem riscos (sem reflexão) em detrimento da formação moral dos indivíduos, do seu crescimento, da sua transformação. Numa sociedade que acredita que comprar um carro é mais importante do que ler um livro. Que ter é melhor do que saber.

Se há um aprendizado judaico que sempre me foi passado em casa é o porquê de os judeus serem chamados de povo do livro. Expulsos muitas vezes das terras onde viviam, tiveram de aprender que só podiam levar uma única coisa consigo quando eram obrigados a abandonar suas casas, seu dinheiro, seus pertences: aquilo que haviam lido, aquilo que sabiam. Essa é a única riqueza que nos acompanha até o fim. Mas o governo acha que não é prioritária. Assim, prioriza as pequenas virtudes no lugar das grandes. E, como afirma Ginzburg, " creio que um clima todo inspirado no respeito às pequenas virtudes resulte insensivelmente em cinismo, ou no medo de viver".

Levando em consideração os valores que me foram transmitidos, parece-me natural guardar ainda hoje os livros preferidos da minha infância. Mas não só. Na minha estante, há também livros de literatura infantojuvenil de autores que descobri já adulta — como Mia Couto, José Eduardo Agualusa, Marilda Castanha, Claudia Roquette-Pinto, Eucanaã Ferraz, Nelson Cruz, Ondjaki, Sophia de Mello Breyner. São livros que têm uma liberdade poética e imaginativa que os romances muitas vezes não têm. Livros que nos fazem visualizar o que nunca antes concebemos, e também nos trazem para a realidade, mas sempre com algum conforto.

Gosto de pensar que esses livros farão parte do que vou deixar para os meus filhos. Gosto da ideia de que eles se acostumem, desde pequenos, com o objeto livro, e tenham despertado o interesse pela literatura — essa coisa menos prioritária.

E gostaria — mas posso estar delirando — que o Ministério da Educação quisesse o mesmo para todos os pequenos e futuros leitores do país. Em viagens recentes a festivais literários internacionais, tive muito orgulho em falar das políticas de leitura no Brasil. Realmente acreditava nelas, achava que estávamos dando um passo para a frente. Por isso, não tenho como não demonstrar minha consternação diante dos cortes (que eles chamam de adiamento, mas na prática são cortes. Atrasam tanto a divulgação do resultado que a compra se torna inviável para o mesmo ano) anunciados pelo governo federal e pelo governo do estado de São Paulo. Não tenho como ficar calada.

Quando soube que o Sr. Renato Janine Ribeiro havia se tornado ministro, pensei que seria muito bom ter um professor de filosofia no cargo. Espero não ter me equivocado. Espero que, no fim, isso seja apenas uma confusão burocrática e passageira. Que o PNBE — assim como o Programa Estadual do Livro, de São Paulo — continue funcionando. Espero que crianças do Brasil inteiro tenham acesso à literatura, e não apenas aquelas que, como eu, tiveram a sorte de nascer numa família intelectual de classe média.

Não sei se estou sendo otimista além da conta, mas faz parte da personalidade de quem lê literatura ter esperança, mesmo diante dos cenários mais tenebrosos.

Publicado com o título "Prioridades, pequenas
e grandes virtudes", em 3 de julho de 2015

O mundo acaba?

Voltemos ao tema do fim do mundo. O fim deste mundo que todos os dias termina e todos os dias retorna, por um milagre qualquer. Em 2015, a minha *timeline* no Facebook eram apelos desesperados para que 2016 chegasse logo. 2016 chegou, e os gritos de fim do mundo só fizeram crescer. Situação política e econômica no Brasil, quantidade abusiva de agrotóxicos, extermínio das baleias, Síria deixando de existir, refugiados morrendo afogados, Igreja Universal do Reino de Deus crescendo na política nacional e, agora, Trump como presidente dos Estados Unidos. De fato, para onde quer que olhemos parece não haver saída: o mundo acaba em todo lado.

Recentemente, ouvi o sociólogo Sérgio Abranches dizer que a mudança que vivemos hoje é mais radical do que a passagem da Idade Média para o Renascimento. A distância entre este mundo que começou há pouco e o que o precedeu é mais larga do que a que separou a idade das luzes da idade das trevas. Diante desse cenário, fico me perguntando o quão louca pode ser a vida para nós, que nascemos num mundo e vivemos em outro. O que eu e a minha geração assistíamos como pura ficção em *Os Jetsons* rapidamente se tornou realidade. A internet encurtou o espaço e o tempo, transformou radicalmente as relações, a política, a economia, o conceito de privacidade. A eleição de Trump é resultado dessa nova política das redes sociais e dos reality shows, e se, por um lado, faz parte de um modo de pensar retrógrado e fascista, por outro, é bastante enraizada na nossa época. Uma das nefastas consequências deste admirável mundo novo.

É deste mundo que falam os novos romances de Daniel Galera e Michel Laub, autores que viram a internet surgir. *Meia-noite e vinte*, de Galera, é narrado por três personagens: a bióloga Aurora, o publicitário Antero e o jornalista Emiliano, três amigos que, ao lado de Andrei Dukelsky, escritor de sucesso assassinado durante um assalto em Porto Alegre, criaram nos anos 1990 o fanzine digital Orangotango, cultuado em todo o Brasil.

O quarteto faz parte de uma "geração que pegou o início da internet, antes do politicamente correto, da profissionalização da rede. Que criou as ferramentas e os precedentes pra rapaziada que veio depois, que se recolheu de maneira meio resignada quando a internet foi loteada e deformada pelas grandes corporações". Ter um fanzine naquela altura era ser revolucionário. Hoje, a internet se tornou *mainstream* — e o espaço perfeito para se praticar a intolerância, como veremos no livro de Laub.

Com as novidades que iam surgindo nos anos 1990 e a tendência natural do homem de profetizar catástrofes, a virada para o ano 2000 surgiu como a iminência do fim, o "bug do milênio", evocado aqui e ali pelos personagens de *Meia-noite e vinte*. O mundo ia terminar naquela altura, mas cá estamos nós, vivinhos da silva. E, no entanto, parece-nos muitas vezes que, se não terminou, aproxima-se de uma explosão. Para Aurora, desiludida com as perspectivas da ciência, "isso que aconteceu com o Duque deixou uma sensação de que já acabou". A abertura do romance, que alterna as vozes dos três narradores, aponta para esse clima apocalíptico.

No calor infernal de Porto Alegre, durante uma arrastada greve de ônibus, Aurora toma conhecimento da morte do amigo. Se não bastasse o estado atual das coisas, Duque morre por nada, por um segundo, um desvio, um "se", por estar no local errado na hora errada. Um profundo pessimismo se abate sobre Aurora: "Quis poder explicar a ela o que me agoniava, mas, mesmo que eu tivesse as palavras, não teria a coragem. Me imaginei dizendo: 'O que resta a esse mundo é a destruição, mãe, e o pior a fazer agora é interferir.'" Um mundo onde a água sai quente das torneiras, onde faltam água e luz e os termômetros passam dos 45 graus ainda existe?

O que soprava vida nas expectativas daquela geração "começava a se exaurir". O júbilo da novidade agora parecia ter perdido a graça, ou, pior, ter mergulhado no marasmo da falta de imaginação e capacidade de desvio da norma. Andrei Dukelsky, ou Duque, o célebre escritor que começara na internet, havia optado por abandonar as redes sociais e se tornar um recluso.

De fato, o espaço que no início se apresentou como alternativo, hoje se mostra palco da intolerância e até mesmo da perversidade. Em *O tribunal da quinta-feira*, Laub narra o linchamento virtual de José Victor, um publicitário de 43 anos que tem a conta de e-mail invadida por Teca, sua ex-mulher. O ressentimento faz com que ela selecione trechos da correspondência de José com Walter, amigo de longa data, gay e portador do vírus da Aids, e envie para alguns amigos. Daqui até a viralização é um passo. Rapidamente, a troca de mensagens privada dos amigos, que não economizam nas piadas ácidas, torna-se pública e, fora de seu contexto, alvo do pior tribunal da contemporaneidade: o tribunal dos internautas que agem "em nome de princípios nobres".

"Você pode escapar de uma época, mas não de todas as épocas", evoca José Victor, narrador e protagonista. E a dele não perdoa piadas, nem quando privadas, trocadas entre dois amigos que leem ironia onde os desavisados vão ler monstruosidade. A dele não sabe distinguir o público do privado, e não tem o menor pudor em escancarar aquilo que deveria ficar apenas entre duas pessoas.

Assim como em *Diário da queda* e *A maçã envenenada*, Laub parte de uma trama particular para falar de uma tragédia próxima temporalmente, mas não colada ao leitor. No primeiro, abordou o Holocausto. No segundo, o suicídio de Kurt Cobain e o genocídio em Ruanda. Em *O tribunal de quinta-feira*, fala da Aids, a doença que deixou o mundo em pânico nos anos 1980 e 1990 e agora muda de figura graças aos tratamentos que prolongam o tempo e a qualidade de vida dos contaminados.

E fala também do tribunal que leva José Victor à cadeira de réu, mas que poderia levar qualquer um de nós. Basta esquecer a senha anotada num papel, o e-mail aberto. "O mundo que só tem a obrigação de se indignar por algumas horas diante de algum escândalo que logo dará lugar a um novo" é o mesmo que condenará José pelas suas considerações privadas sobre "a sigla, a peste, o câncer, a praga e a maldição".

De uma hora para outra, o conceituado criativo de uma agência de publicidade tem a vida íntima exposta para as massas: "e eis que me vejo lá, no presente eterno do espaço virtual, para escrutínio e comentários de arquitetos, publicitários, economistas, professores, marceneiros, cobradores de ônibus e juízes interessados." Junto com as boas intenções de quem passa a vê-lo como monstro, há também uma estupidez coletiva, incapaz de reconhecer o registro teatral e hiperbólico entre dois amigos que conversam em privado, transformando a ironia em intenções e caráter. "Todo fascista julga estar fazendo o bem. Todo linchador age em nome de princípios nobres. Toda vingança pessoal pode ser elevada a causa política", alerta o narrador.

Sem saída, acusado de todos os lados (homofóbico, agressor de mulheres), José só pode "mandar o resto do mundo à merda, porque ninguém tem nada a ver com o que esses dois adultos fazem na intimidade e consensualmente". Precisa evitar que esse mundo que acaba todos os dias acabe com seu próprio mundo.

"Cada geração tem as suas prioridades", diz José Victor. Quais, então, as de Aurora, Emiliano, Antero? Suas prioridades hoje coincidem com suas prioridades na época em que editavam o Orangotango? Uma vez falido o mundo no qual acreditavam, como existir? Uma vez que a internet foi transformada de espaço alternativo libertador em tribunal opressor, que sentido pode ter para a literatura, que usos podemos fazer dela?

Essas são algumas das perguntas de uma geração que vê o mundo acabando o tempo todo. Aurora, a bióloga, tem suas convicções científicas abaladas por sentimentos como medo e ansiedade. O nosso mundo, diz ela, "não estava acabando nem começando. Estava em estase. Era bem possível que ficasse estagnado, preso na condição de estar morrendo para sempre". Duque, o escritor assassinado, rabiscava a ideia para um romance que narraria a história do universo após a extinção de toda a vida na Terra. Fazia pesquisa sobre o Antropoceno, a nova era geológica batizada em razão das marcas deixadas pelo homem no planeta. O mesmo homem que destrói o mundo é o homem que sofre com o fim do mundo. Talvez porque, como diz Antero, "a humanidade sempre se adapta. Desde que existe linguagem, a gente imagina o apocalipse se aproximando. Em todos os tempos, em todas as culturas. Os seres humanos criam esses mitos justamente porque o fim do mundo é algo que sistematicamente *não acontece*". Só não sabemos até quando.

25 de novembro de 2016

Nós, Orlando

Quase na metade do romance homônimo de Virginia Woolf, Orlando, um homem de rosto cândido, circunspecto, que adorava golpear a cabeça de mouros, se transforma em mulher. De um dia para o outro, de forma tão repentina quanto alguns anos antes Gregor Samsa se tornara barata. Depois de sete dias dormindo num transe profundo, Orlando acorda com um novo corpo. "Espreguiçou-se. Saltou da cama. Ergueu-se em toda a nudez diante de nossos olhos, não nos restando outra escolha, enquanto as trombetas ressoavam Verdade! Verdade! Verdade!, que a de admitir... ele era uma mulher", conta-nos o narrador — e biógrafo de Orlando.

Hoje um clássico da literatura ocidental, o romance de Virginia Woolf permanece estranho, de vanguarda. Talvez pelo fato de as nossas convenções terem mudado tão pouco, e continuarmos a considerar bizarro que um homem possa se tornar mulher repentinamente, ou que alguém seja as duas coisas ao mesmo tempo... Mas essa não é a única razão de sua bizarrice. Além da mudança abrupta de sexo, Orlando atravessa quatro séculos da história ocidental. Descendente de uma família aristocrática inglesa, tem 16 anos no início da narrativa, em pleno século XVI. A dado momento, passa a ter 30, e mantém essa idade na maior parte do romance, que começa na época elisabetana, atravessa a vida diplomática inglesa na Turquia, os séculos XVIII e XIX até chegar ao XX. Em 11 de outubro de 1928, dia em que termina a sua biografia, Orlando ainda tem 36 anos.

Ele é embaixador em Constantinopla quando acorda mulher. No entanto, sua identidade não se modifica. Deixa de ser homem, mas permanece Orlando: "A mudança de sexo, embora lhe alterasse o futuro,

147

em nada contribuiu para lhe alterar a identidade O rosto, como provam seus retratos, continuava praticamente o mesmo " Isso em virtude da "condenável morosidade do corpo humano em se adaptar às convenções". Em realidade, nunca se adapta de fato. O corpo de Orlando será sempre meio masculino, meio feminino. Às vezes gosta de homem, às vezes de mulher, numa clara alusão a Vita Sackville-West, a quem o livro é dedicado. Paisagista e escritora, casada com Harold Nicolson, foi amante de várias mulheres, inclusive de Virginia.

De um lado, o corpo. Do outro, as convenções. Essas, sim, farão com que Orlando sinta a diferença de ser homem ou mulher. Nunca mais vai golpear cabeças de mouros. Nunca mais vai poder praguejar. Nunca mais vai cravar a espada no peito de um homem ou comandar um exército. Tudo o que poderá fazer, assim que abandonar o acampamento de ciganos em Constantinopla e voltar à Inglaterra, será "servir chá e perguntar a suas senhorias como eles o preferem. Aceita açúcar? Aceita creme?". Já não poderá usar calças, mas aquelas horrorosas saias enroscadas nos tornozelos. "Conseguirei saltar na água e nadar com essas roupas?", pergunta-se Orlando.

A partir do momento em que se torna mulher, o biografado não para de se perguntar das diferenças entre os sexos: "Qual êxtase é maior? O do homem ou o da mulher? E não são, por acaso, o mesmo?" Woolf enche o texto de observações irônicas a respeito dos clichês que distinguem a masculinidade da feminilidade, apontando, claro, para o lugar marginal onde a mulher foi colocada ao longo dos séculos. Ao chegar de volta à sua terra, Orlando descobre "(1) que estava morta e, portanto, simplesmente, não podia ter nenhuma propriedade; (2) que era mulher, o que dá no mesmo".

Os clichês são apontados para os dois lados. Se as mulheres tinham que servir chá, os homens não podiam chorar. Mas que eles choram "tão frequente e descabidamente quanto as mulheres, Orlando sabia de sua própria experiência como homem". O que ele/ela só percebe depois de virar mulher é que deveria ficar chocada quando um homem mostrasse emoção em sua presença, "e, assim, chocada ela ficou".

Há um nítido embate entre o corpo de Orlando, que sente as coisas como homem e mulher (e não vê tanta diferença nisso), e as convenções, que insistem em marcar o espaço de um e o espaço do outro. O corpo experimenta de uma forma. As convenções do mundo o representam de outra. Convenções essas que mudam no decorrer dos séculos, mas nem sempre melhoram. No XIX, por exemplo, "os sexos se distanciavam cada vez mais. (...) A vida da mulher era, em geral, uma sucessão de partos. Ela casava aos 19 anos e quando chegava aos 30 já tinha quinze ou dezoito filhos".

Da mesma maneira que a masculinidade e a feminilidade no corpo de Orlando contradizem as convenções, o tempo subjetivo contradiz o cronológico. Questão recorrente na obra de Virginia Woolf (o romance *Ao farol* é um exemplo disso), o tempo experimentado nada tem a ver com o tempo do relógio. Há uma discrepância entre as horas que passam e o tempo da mente. Uma hora do relógio pode ter sua duração aumentada ou diminuída em "cinquenta ou cem vezes" no espírito humano. Quatro séculos de História podem corresponder a 36 anos da vida da personagem.

A biografia de Orlando termina no dia em que Virginia publica o romance, 11 de outubro de 1928. Fiquei imaginando se continuasse até hoje, se ele/ela viesse parar no Brasil. E se Orlando ainda fosse homem e deixasse para se tornar mulher no nosso país em 2016? Com a mesma identidade, tal como no livro, mas com o corpo de uma mulher. Aliás, eis uma boa ideia: a de que todos os homens brasileiros que acreditam que o corpo da mulher não é dela um dia acordem num corpo feminino. Permaneçam quem são, mas com outro corpo. E tenham que lidar de uma hora para outra com as convenções que até hoje se praticam no Brasil.

Seria bom para entenderem o que é sair na rua e ser assediada. O que é sair na rua e temer o estupro. O que é não ter o direito de escolher se quer fazer um aborto. O que é ser constantemente violentada, de tantas e tantas formas, em casa ou na rua. Recentemente, depois do terrível episódio da menina estuprada por dezenas de homens no Rio de Janeiro, a cantora Olivia Byington ouviu, num supermercado no bairro da Gávea, o seguinte comentário de um homem: "Mas essa moça tinha má índole." Ao que ela retrucou: "Então o senhor acha que foram 33 vítimas?" Não tenho dúvidas de que seria proveitoso para esse senhor dormir profundamente durante sete dias e acordar com o corpo de uma mulher em plena cidade do Rio de Janeiro, no avançadíssimo ano de 2016.

Orlando tinha a peculiaridade de ser homem e mulher ao mesmo tempo, de ver o mundo com as duas sensibilidades, com os dois corpos. Silviano Santiago, no posfácio da edição de *Orlando* da Autêntica, diz que a sua originalidade não está "na oscilação entre os pronomes *ele* e *ela*, conforme a convenção; está, antes, no fato de que a *identidade* do/da protagonista é paradoxalmente plural. Assim sendo, a complexa personalidade de Orlando só poderá ser recoberta não pela oscilação entre *ele* e *ela*, mas pelo pronome '*they*', em inglês. Orlando é *they*".

Santiago lembra ainda que o pronome *they* não traz as "marcas particulares e excludentes de gênero (*gender*) a fim de que todos os gêneros ali se confraternizassem". Ser ele e ela ao mesmo tempo, e não apenas um ou outro. Experimentar os dois corpos e assim entender que as convenções são apenas convenções, não correspondem às nossas sensibilidades. Muito menos às nossas necessidades. Mais interessante do que ser ora homem, ora mulher, é ser *queer*, esse ser bizarro, esse *they*, os dois sexos de uma vez.

Talvez isso seja pedir muito, é verdade. É mais difícil ser ele/ela na prática do que na ficção. Mas, se os homens fizerem o exercício de se imaginar mulheres, já será um bom começo. Permanecerem eles mesmos, com seus pensamentos e suas certezas, mas no corpo de uma mulher. Então poderemos estabelecer um diálogo franco sobre assédio, violência doméstica, estupro e aborto em pleno século XXI.

24 de junho de 2016

Ler sem lápis

Eu havia decidido não escrever sobre *História do novo sobrenome*, o segundo volume da tetralogia de Elena Ferrante. Portanto, estava livre para fazer uma coisa que adoro fazer de vez em quando: ler sem lápis. Coisa rara na vida de qualquer colunista, ensaísta ou professor de literatura. Há muito tempo, desde que entrei para a faculdade de Letras, passei a rabiscar todos os meus livros. Tornou-se (quase) impossível ler sem lápis. Mesmo que posteriormente eu não escreva sobre aquele livro em particular. Sem rabisco, o livro parece não ter sido lido.

Por isso mesmo, às vezes gosto de abandonar o lápis, me render à pura fruição da leitura como se eu não fosse alguém que vive dela, sem me preocupar em sublinhar as passagens que me tocam mais. Gosto, mas só às vezes, de fingir que sou uma leitora de domingo, uma leitora de verão — e que não vou prolongar a leitura num texto meu. Isso me proporciona uma liberdade diferente, como se por um instante eu fosse outra pessoa e estabelecesse uma relação física com o livro que não passa por terceiros (no caso, o lápis).

O problema é que, quando o livro é bom, a certa altura começo a me dizer: Um dia vou querer me lembrar dessa frase e não vou saber onde encontrá-la. Passo a sofrer de abstinência do lápis. E quando o livro é muito bom, acabo por me render e dobro as páginas no trecho que eu gostaria de sublinhar. O lápis se faz presente mesmo na sua ausência.

Portanto, vocês podem imaginar o que aconteceu com o meu exemplar do romance de Ferrante. Não está rabiscado, mas, a partir da metade, está todo dobrado. O livro não é bom, nem muito bom, é maravilhoso, excepcional, arrebatador. Há tempos não lia um livro contemporâneo com personagens tão bem-construídos, repletos de contradições e complexidade. Há tempos não lia um livro tão corajoso. Elena Ferrante não tem medo de nada. Nem das histórias, nem das palavras, nem dos personagens.

Quando terminei o romance, sentia-me cheia de alguma coisa que não sei o quê. Transbordava esse inominável. Tive vontade de berrar, de subir as paredes, caminhar pelo teto, cravar as unhas na parede e arrancá-la. Tive vontade de sair correndo, de dançar enlouquecidamente, de organizar uma festa e celebrar. "Eu não cabia em mim" é a expressão justa para esse sentimento. E quando já não cabemos em nós mesmos, ou seja, quando há algo maior do que nós, que nos transcende, sentimos essa necessidade física de extravasar.

Isso é alegria. E quando ela vem de um livro, eu me pergunto imediatamente: Como não escrever sobre ele? Afinal, ler não é justamente preencher as lacunas deixadas pelas palavras, os espaços em branco, como bem preconizou a Teoria da Recepção? Ou, como diria Roland Barthes, o texto é um tecido, uma teia de aranha em construção permanente, que se lança em várias direções. Escrever sobre um livro é continuá-lo, expandi-lo, retorcê-lo, desdobrá-lo. É pensar de que forma age sobre nós, que pensamentos nos incita, que emoções nos proporciona.

Há duas questões fundamentais nos primeiros volumes da série napolitana. Uma é a amizade. A relação entre Lila e Lenu é de uma amizade fundada num misto de competição e simbiose. Por um lado, querem a alegria da outra. Por outro — ou talvez por isso mesmo —, quando uma está feliz, a outra precisa batalhar para ficar ainda mais do que a amiga. A competição as move ao mesmo tempo que alimenta a amizade. E assim elas avançam, superam o ambiente quase fatalista e profundamente machista do subúrbio napolitano onde cresceram.

A outra questão, estritamente ligada à primeira, é a leitura. Lila e Lenu descobrem juntas o fantástico mundo da literatura. Passam a devorar livros. Uma quer ler tudo o que a outra leu. E o que não leu. Assim, lendo, estudando, vão se diferenciando do restante do bairro. Mas há um acidente de percurso na vida de Lila, ainda no primeiro volume, que a impede em parte de continuar a trajetória de Lenu: o pai não a deixa continuar os estudos. Ela termina por se casar com Stefano Carracci, um rapaz rico do bairro que a espanca desde a noite de núpcias.

Mas a amiga genial é ela mesma, Lila. Lenu é quem escreve, quem narra a história, quem se torna, no segundo volume, escritora. E é Lenu quem diz incessantemente que Lila era a melhor, a mais bonita, a mais inteligente. Foi de um livro escrito na sua infância, *A fada azul*, que brotou a força da escrita de Lenu. O fundamental de seu primeiro romance estava lá, no livrinho de criança da amiga.

E não é porque não vai à escola que Lila para. Cada vez que as coisas vão mal, encontra Lenu, e esse encontro volta a motivá-la. Lila quer saber o que Lenu está estudando, para estudar também. O que Lenu está lendo, para ler também. Nas férias de verão, Lila pega sem avisar os livros que Lenu ainda não leu e os devora. São os livros que a tiram da prisão do casamento, que a lançam nos braços de outro homem, que abrem seus olhos para o mundo, para o que está fora do bairro.

Que os livros são perigosos, nossa cultura sabe há muito tempo. Não foi à toa que as mulheres primeiro foram proibidas de ler, e depois tiveram acesso restrito aos livros. Lendo, elas poderiam descobrir o mundo, ter desejos fora do circuito casamento/família. Melhor, portanto, mantê-las afastadas de objetos tão perigosos.

É disso que falam Laure Adler e Stefan Bollmann no livro *Les Femmes qui Lisent sont Dangereuses* [As mulheres que leem são perigosas], em que reúnem imagens de mulheres lendo desde o século XIV até o XX. São, sobretudo, pinturas, mas também algumas fotografias, como a de Marilyn Monroe lendo *Ulisses*, de Eve Arnold. A partir da interpretação de cada uma dessas imagens, os autores fazem uma espécie de história da leitura da mulher, mostrando como, a partir do século XIX, o livro se tornou sua maior arma para a conquista da liberdade, sua possibilidade de existência, de viver de outra forma, de se lançar em outros horizontes.

Entre a mulher e o livro estabeleceu-se então uma aliança. Com ele, ela podia desejar e imaginar um mundo para si própria. Gesto um tanto quanto ousado — e perigoso. Daí os homens quererem impedi-las de ler, ou controlar o que liam. Daí os homens, no século XIX, marginalizarem as mulheres que leem, rotulando-as de neuróticas, histéricas. Sobretudo as mulheres que leem "demais". No entanto, por mais que tentassem cerceá-las, as mulheres que leem demais se espalham, se multiplicam. A leitura permite que tomem consciência do mundo. A leitura, esse ato tão íntimo, tão secreto, termina por colocar a mulher para fora: fora do núcleo familiar, fora do espaço íntimo, fora de si mesma.

E aí temos, claro, o exemplo de Emma Bovary. Emma lê romances para se inventar um mundo, "o imenso território das felicidades e das paixões". O vazio do real é tomado pela ficção. Para quem vive na prisão do casamento sem amor, das regras sociais que sufocam a mulher, a leitura é a possibilidade de, primeiro, viver um mundo que não o seu e, em seguida, mudar a própria vida.

A amizade de Lenu e Lila é centrada nos livros — o melhor caminho para uma vida fora daquele universo machista e restrito do subúrbio napolitano pós-guerra. Lila pode não ir à escola, mas estuda por fora para acompanhar Lenu. E, se vai com Lenu a uma festa descolada em que todos leem política mundial, jornais e sociologia, não hesita: corre atrás de tudo o que ainda não leu. A infância e a adolescência das duas são marcadas pelos livros. E, quando escrevem, é para continuar a teia desencadeada pelo prazer de ler. A escrita é um prolongamento das leituras que abriram seu universo e as tiraram do bairro — e fizeram delas mulheres perigosas.

De prazer solitário passa à voz. E de voz passa a prazer solitário para nós, leitores de Elena Ferrante, ou de Elena Greco, a Lenu. Prazer que em realidade só é solitário e silencioso por um instante. Depois se torna um grito, aquele que eu quis dar quando terminei o romance e que me fez subir as paredes. O grito que me deu uma vontade de escrever à editora para perguntar quando seria publicado o terceiro volume da série napolitana. Não quero passar tanto tempo no teto aqui de casa.

19 de agosto de 2016

Querida Clarice,

Ando me perguntando se chegam até você as notícias sobre o sucesso de seus livros nos EUA. Se você sabe que foi capa da *The New York Book Review*, que saiu no *Wall Street Journal*, na *Vanity Fair*. E me pergunto também se imaginou que algum dia isso seria possível. Afinal, você vem de uma época em que escritores não eram celebridades. E que escritores brasileiros não eram capa dos principais jornais e revistas americanos.

Será que está feliz? Eu, que sou desta época, estou muito contente por você. E por te escrever de novo, depois de tanto tempo. Não sei se ainda se lembra de mim, nem das longas cartas que eu te escrevia, vinte anos atrás. Eu, sim, me lembro de tudo: do dia em que te conheci, do dia em que me apaixonei, do dia em que te odiei e do dia em que voltei a te amar.

O nosso primeiro encontro foi um equívoco. Eu tinha 11 anos, estava mexendo nas prateleiras de uma livraria quando descobri *O primeiro beijo*, uma antologia de contos seus elaborada para fisgar leitores jovens. Acreditei no título, no batom rosa estampado na capa, e estendi o exemplar para a minha mãe: "Já escolhi." Ela sorriu em silêncio e omitiu qualquer palavra que pudesse me fazer mudar de ideia. Voltei para casa imaginando ter nas mãos uma aventura amorosa que me desvendaria os segredos do primeiro beijo e me joguei no sofá em busca da resposta. Folheei o pequeno volume de forma aleatória até chegar ao fim. Na altura, eu tinha o hábito de espiar a última frase de qualquer livro. Lá estava ela, reluzente, zombando da minha ansiedade: "E acho que não aconteceu nada."

Fui em busca do que não havia acontecido em cada conto e, ao terminar, não podia dizer o mesmo que a narradora de "Esperança". Alguma coisa tinha acontecido. Muitas coisas — eu só não sabia dizer o quê. Um mundo acabara de se desvelar, as palavras tinham me levado ao real e, no fim, eu não sabia explicá-lo. Fiquei com a sensação de não ter entendido nada e, ao mesmo tempo, ter entendido quase tudo. Cada vez que eu me aproximava de uma resposta, outra pergunta saltava.

O nosso segundo encontro ocorreu quatro anos depois. Eu morava em Laranjeiras, e nas tardes livres gostava de perambular pelo Catete, de sebo em sebo. Numa dessas deambulações, encontrei exposta uma edição de *Laços de família*, com um quadro do Picasso na capa. Seu nome me chegou como lembrança inquietante e azeda, mas, seduzida pela mulher que sonhava de seios de fora e rosto partido, terminei por comprar o livro por 8.000 cruzeiros.

O exemplar estava seminovo, e, hoje, não tenho livro mais usado, amassado, anotado, rasgado do que esse.

Laços de família foi, sem dúvida, o responsável por esse caminho sem volta que foi a minha paixão por você. Perdoe-me se estou sendo um pouco piegas, mas não tenho outra palavra para o que aconteceu. Afinal, foi você quem me ensinou a não ter medo das palavras. E quando não se tem medo delas, quando se chega perto das coisas que realmente importam, da verdade que logo se desfaz, o risco da pieguice é inevitável. Foi em parte por isso que, anos mais tarde, passei a te odiar. Mas, por ora, fiquemos com a paixão, com as noites mal-dormidas, o tremor a cada vez que eu lia seu nome, as horas em que, trancada no quarto, eu te escrevia cartas e, vez ou outra, conversava contigo em sussurros, como se pudesse me ouvir.

Você, Clarice, era o meu segredo. Eu podia até confessar meu interesse por um ou outro rapaz, mas nunca revelava a minha paixão por você. Se alguém me perguntava quem era meu escritor preferido, eu dizia Machado de Assis, Graciliano Ramos, Rachel de Queiroz, como se quisesse, a qualquer custo, te esconder das outras pessoas. Sempre que via alguém lendo um livro seu no metrô, tinha vontade de arrancá--lo de suas mãos e gritar: *Não toque nela!* No auge dos meus 14, 15 anos, estava convencida de que era a única a ter o direito de estabelecer qualquer relação contigo. Eu me imaginava na sua casa no Leme, conversando tardes inteiras, tomando chá. Eu queria te amar como amiga, filha, mulher. Se uma menina ruiva podia se apaixonar por um cão, e ainda ser correspondida, por que eu não poderia me apaixonar por você?

Virei um rato de sebo, percorria-os em busca de edições antigas de seus livros. Consegui a primeira de *Legião estrangeira*, com aquela capa estupidamente rosa, o desenho de uma menina no centro, e a segunda de *Paixão segundo G.H.* Meus livros preferidos eram os que poucas pessoas conheciam: *Água viva* e *Um sopro de vida*. Percorria cada frase evitando o fim. Quando eu tivesse lido tudo, como seria? Onde eu encontraria experiência tão intensa quanto a que você me proporcionava? Haveria escritor que tinha se exposto tanto, se entregue tanto às palavras?

Você não apenas chegava até as coisas, como tinha a paciência de esperar as coisas chegarem até você. Espreitava o mundo, tudo o que era vivível, como uma fera na selva. E quando a presa lhe surgia aos olhos, você saltava, no momento preciso, trazendo para o leitor o que ele antes desconhecia, num texto inclassificável.

Então, um dia, tudo esvaiu. A paixão, os ciúmes, a desrazão. Como na crônica de Paulo Mendes Campos, o amor acabou, simplesmente porque é do amor acabar, a qualquer hora, não importa onde. E no lugar dele veio a repulsa. Quando por acaso eu me via diante de um texto seu, sentia aversão, como acontece quando nos perguntamos acerca de antigos namorados: como pude amar esse homem? Deixei seus livros adormecidos na estante e fui amar outros.

Alguns anos depois, comecei a publicar. Então, passei a ouvir aqui e ali a pergunta sobre possíveis influências clariceanas. Alguns leitores vinham dividir suas impressões e às vezes afirmavam: *Parece a Clarice... Você gosta dela?* Aos poucos fui percebendo que parecer com você não era um privilégio meu. Em conversas com algumas amigas, descobri que elas passavam pela mesma comparação, por mais diferentes que nossos textos sejam dos seus.

Isso, Clarice, porque você se tornou um dos grandes pilares da nossa literatura e, sem dúvida, o maior pilar feminino. Ser escritora no Brasil virou sinônimo de ter influências suas. Certa vez, quando você era viva, o crítico Alceu Amoroso Lima afirmou que "ninguém escreve como

Clarice Lispector". No espaço de três ou quatro décadas, parece que todas as mulheres escrevem como você. Então, num certo sentido, todas nós terminamos por nos deparar com esse enorme monumento, e nos questionamos o que fazer com ele. Ignorá-lo? Abraçá-lo?

Como Guimarães Rosa ou Machado de Assis, você deu um novo rumo à língua portuguesa. Inventou significados, formas de aproximação do mundo e uma nova sintaxe. Portanto, de alguma forma, somos todos seus herdeiros, escritoras e escritores. E, diante da herança, a escolha se faz imprescindível. No livro *Espectros de Marx*, Jacques Derrida afirma que "é preciso falar *do* fantasma, até mesmo *ao* fantasma e *com* ele". Diz ainda que é preciso matar o morto para se apoderar da herança e, enfim, escolher o que herdar.

Pensando sobre o que aconteceu, eu diria que precisei te odiar, até mesmo te matar, para seguir meu próprio caminho e só então, anos depois, retornar a você com serenidade. Foi a biografia de Benjamin Moser que me levou de volta à intensidade das suas palavras. Não a li de imediato. A princípio acreditei que não conseguiria regressar ao seu mundo. Exige sempre muito, exige carne, sangue, o corpo inteiro presente. Mas o livro foi tão comentado, traduzido, elogiado, que não resisti. Foi ele que me colocou diante de seus mistérios de novo, foram as palavras de Moser misturadas às suas que me fizeram te olhar de outra maneira. Sem a paixão desmedida, sem ciúmes, sem loucura, mas também sem raiva. Uma outra Clarice, aquela que eu escolhi — que, na verdade, eu tinha escolhido há muito, lá atrás, desde o primeiro beijo, e cuja influência eu agora podia afirmar sem receio de não ser eu mesma.

Num instante, meu próprio corpo se lembrou das sensações extremas provocadas pelo nosso encontro, reconhecendo cada marca, cada vestígio seu, e me dizendo que elas sempre estiveram aqui, comigo, mesmo quando eu afirmava com contundência: *Influência da Clarice Lispector? Não, nenhuma.* Nem o tempo apaga as experiências mais profundas. Seria como esquecer nossos mortos, nossos amores... Então, o peso da influência se lembrou da liberdade inicial, e compreendi que não queria desafiar a esfinge, muito menos lhe dar as costas. Cheguei mais perto e toquei em você de novo. E quando, passeando por Nova York, entrei em algumas livrarias e me deparei com tantos livros seus, dei um sorriso sincero. Era você se espalhando pelos vagões de muitos metrôs, por muitas cidades, línguas. Eu estava feliz com isso, com a ideia de que tantas outras pessoas teriam a oportunidade de experimentar o mesmo estupor que eu, o mesmo espanto diante das coisas. O espanto de quem assiste, não ao fim do mundo, mas ao princípio de tudo, aquele instante em que uma molécula diz sim a outra molécula e nasce a vida.

Texto publicado com o título "Mais uma carta para Clarice", em 11 de setembro de 2015

Literatura e política

Como todos sabem — afinal, foi divulgado em todo lado —, o escritor Raduan Nassar optou por fazer um discurso contra o governo Temer na entrega do prêmio Camões, o maior prêmio de literatura de língua portuguesa, com o qual foi galardoado. Roberto Freire, o ministro da Cultura, revidou e foi vaiado. A partir de então, surgiram milhares de comentários nas redes sociais para defender ou atacar um de nossos maiores escritores.

No meio dos ataques, o que mais me chamou a atenção foram as vozes que diziam: "Perdemos uma oportunidade de falar de literatura; Raduan desperdiçou um momento que seria dedicado à literatura falando de política." Esse tipo de comentário, aparentemente inofensivo e protetor da literatura, traz dois problemas graves.

Primeiro, é a ideia de que podemos determinar o que um escritor vai falar. Ora, se o prêmio era dele — e ele, no caso, é o Raduan Nassar, repito, o Raduan Nassar —, ele tinha o direito de fazer o discurso que bem entendesse. Não há regras, não há imposições sobre o que deve falar um escritor. Quem escreve preza, acima de tudo, a sua liberdade.

E, segundo, é a ideia de que literatura e política são antagônicas, de que falar de literatura não é falar de política, ou que falar de política não é falar de literatura. Grande equívoco, o pior de todos, o de achar que política é apenas o que fazem os governantes. Política, fazemos nós a cada instante, quando escolhemos a escola dos nossos filhos, quando reciclamos, ou não, o nosso lixo, quando atuamos no mundo. Tudo o que tem a ver com a *polis* é política.

A literatura é política. "Menina a caminho", *Um copo de cólera* e *Lavoura arcaica* (publicados pela Companhia das Letras) são políticos. Não porque falam diretamente de um governo, não porque sejam textos engajados no sentido sartreano, mas porque subvertem a linguagem. E nós, seres humanos, estamos presos à linguagem, respiramos linguagem, nos construímos enquanto linguagem. Não há política sem linguagem. Querem, então, algo mais político do que a literatura, que dobra as palavras, amassa as palavras, estica, corta, inventa palavras?

Comecemos pelo conto "Menina a caminho". Trata-se de algumas horas na vida de uma menina pobre, numa cidade do interior do Brasil. O conto é narrado em terceira pessoa, mas o narrador descreve o que a menina vê, ele a acompanha a cada instante. Ele é quem narra, mas ela é quem vê. Querem algo mais político do que narrar com o olhar do outro? Do que passear por uma cidade pobre, narrar a dor de uma mulher que apanha do marido, de uma menina que vira mulher e vê coisas que preferiria não ver?

Falar da paixão avassaladora de *Um copo de cólera* também é político. Expor as contradições entre razão e paixão numa narrativa virulenta, física, densa, quase sem pontos finais, frases longas que saem como jorros, evidenciando aquilo que desencadeia o narrador a escrever. Trama e linguagem se misturam, se transformam. "O corpo antes da roupa", diz o personagem. O corpo, o esporro, a cólera, o grito. A banalidade que pode fazer um corpo harmônico explodir. São sete capítulos, cada um com um único parágrafo; são poucas as páginas, mas a força que delas emerge transforma nosso próprio corpo em algo político.

E, por falar em corpo, há poucos livros tão físicos na nossa literatura quanto *Lavoura arcaica*. O corpo do pai, recolhido, silencioso, austero. O corpo da mãe, afetuoso, passional, falante. O corpo de Ana, sensual, provocador. O corpo do protagonista André, em plena ebulição. Um corpo excessivo. Etimologicamente, *ex-cesso* significa sair para fora. Não se conter. Rasgar os limites, a linguagem, as páginas, no caso de Raduan. André não evita o amor pela irmã, não contém o próprio corpo.

Das teses e antíteses que nunca se tornam sínteses se alimenta o romance. Há o profano e há o sagrado. O silêncio e a verborragia. O lado direito e o lado esquerdo da mesa. A tradição e a ruptura. O recolhimento e a paixão. A contenção e o excesso. A paciência e a impaciência. Se há frase que trago comigo desde que li *Lavoura arcaica* pela primeira vez — e nisso lá se vão vinte anos — é o grito de André para o pai: "A impaciência também tem os seus direitos!"

Do jogo de paciência e impaciência, nasce a própria literatura. Escrever é um exercício de tempo, espera. Mas o que há de mais potente na literatura é o grito, a contestação. Em outras palavras, o que nos leva a escrever é a impaciência, é ela que deve saltar do livro, mas sem paciência não se escreve. Em *Lavoura arcaica*, as oposições não se excluem. As contradições existem sempre enquanto tais. Portanto, quando escuto alguém dizer que, se Raduan Nassar criou para si mesmo o personagem do escritor recluso, não pode romper o silêncio na entrega do prêmio, eu me pergunto se essa pessoa alguma vez leu Raduan. O silêncio de Raduan não impede que ele venha a público falar quando perde a paciência.

Mas o escritor não pode desperdiçar seu raro espaço público para falar de política, ecoam algumas vozes. Devia Paul Auster ficar calado então diante da eleição de Donald Trump? Deviam os escritores alemães, austríacos, terem falado apenas de "literatura" com a ascensão de Hitler? No filme *Stefan Zweig — Adeus, Europa*, que acabo de ver em Lisboa, há uma cena que mostra o congresso internacional do PEN club em Buenos Aires no ano de 1936. Escritores vindos dos mais diversos países para falar de "literatura" se juntaram para assinar uma moção de repúdio ao que acontecia na Alemanha desde que Hitler criara as leis de Nuremberg, que fomentavam a perseguição aos judeus. Desde então, os judeus não podiam mais exercer cargos públicos. Foram demitidos das universidades, tiveram seus livros queimados, dando início ao processo que todos conhecemos. A moção citava, um a um, os nomes das pessoas que não eram bem-vindas na Alemanha, como Thomas Mann, Albert Einstein e o próprio Stefan Zweig.

Em contraposição a essa cena, há outra em que um jornalista tenta a qualquer custo obter uma declaração de Zweig contra a Alemanha de Hitler, sem sucesso. Zweig se recusa a falar mal do seu país, e nós, espectadores, ouvimos o jornalista acusá-lo de covarde. Acusação que se repetiu algumas vezes na trajetória do escritor, que terminaria poucos anos depois, em 1942, com seu suicídio em Petrópolis.

Em 1936, ele ainda não falava abertamente do que falou mais tarde na sua *Autobiografia: o mundo de ontem*. Aqui, ele conta como lhe destruíram a casa e a vida. "Minha vida foi invadida por todos os pálidos cavalos do Apocalipse, revolução e fome, inflação e terror, epidemias e emigração", afirma Zweig. Aquela Viena que ele havia conhecido, onde fervilhavam as artes, a música, a literatura, a psicanálise, o teatro, a filosofia, nunca mais existiria. Aquela Viena se tornaria o mundo de ontem. O Brasil que ele viria a adotar, por sua vez, seria o país do futuro, porque aqui — faltou-lhe tempo para entender as contradições que conhecemos tão bem — viviam misturadas todas as raças, todas as nacionalidades. O país do futuro seria o país da coexistência, o país que entenderia o que a Alemanha de Hitler nunca entendeu: o valor da diferença.

Mas Zweig não aguentou o peso do mundo que ruía. Os amigos perdidos, a vida deixada para trás. Nem o país do futuro o salvaria do passado, e por isso se matou junto com a sua segunda esposa, Lotte, onde hoje funciona a Casa Stefan Zweig, em Petrópolis.

"Literatura não tem nada a ver com política", clamam alguns. Tem a ver com o que então? Com lírios brancos e mares serenos? Pode ter, também. Até porque, lírios brancos e mares serenos, dependendo de como forem escritos, são políticos. A política está na linguagem, está no corpo, está por todo lado onde não nos conformamos, onde não baixamos a cabeça. Porque respeito a diferença, entendo que haja discursos contrários ao discurso de Raduan. Mas não entendo quem não respeita um escritor tão importante para a nossa literatura quanto ele. Tampouco entendo quem acha que falar de política é desperdiçar o espaço da literatura.

Tsunami

A primeira vez que fui levada aos pequenos vilarejos do litoral do Japão foi pelas palavras de Yukio Mishima. Opositor à modernização vivida no pós-guerra, Mishima enfatizou em sua obra as tradições milenares, abordando personagens e ambientes simples. Em *Mar inquieto*, publicado originalmente em 1954, a trama se desenvolve na pequena ilha de Utajima, "de mil e quatrocentos habitantes, e nem quatro quilômetros de extensão costeira", onde o cotidiano gira em torno da pesca. Os traços da modernidade quase não aparecem nesse pedaço de terra. Ninguém tem chuveiro em casa, e, por isso, todos frequentam os banhos do vilarejo. A luz elétrica chegou há pouco, mas o gerador se encontra quebrado, mostrando que o homem pode viver com o bom e velho lampião.

É nesse ambiente rústico e selvagem — guiado não pelo homem, mas pela força da natureza — que se desenrola a história de amor entre Shinji, um pescador órfão de pai, que precisa trabalhar arduamente para sustentar a mãe e o irmão mais novo, e Hatsue, a filha caçula de Terukichi, o mais abastado morador da ilha. Shinji é um rapaz de 18 anos que nunca teve muito apreço pelos estudos, mas se revelou desde cedo um ótimo pescador. Com a pele sempre queimada de sol, "é alto e magnificamente constituído". Num fim de tarde como outro qualquer, ao desembarcar na praia depois de um dia de trabalho, avista uma garota desconhecida, de olhar cismarento na direção do oceano. Embora Hatsue nem se volte para ele, esse rápido encontro basta para lhe perturbar o espírito.

Desde o início da narrativa, somos confrontados com o que se seguirá: o drama de um amor proibido entre uma menina rica e um rapaz pobre, que terá de passar por uma prova de valentia se quiser se casar com ela. A partir do instante em que a paixão nos é apresentada, o mar começa a ganhar força, revelando-se definidor nas conquistas ou mazelas desse amor impossível.

Com o espírito atormentado por Hatsue, Shinji sobe as longas escadas em direção ao santuário para rezar à divindade do mar. Pede para ser um pescador eficiente em tudo. "Faça-me entender o mar, os peixes, o barco, o tempo e todas as coisas!", implora. Em seguida, quase encabulado pelo pedido egoísta, roga: "Que eu me case um dia com uma moça bonita e boa!... Igualzinha, por exemplo, à filha que o velho Terukichi Miyata chamou de volta."

Quatro ou cinco dias depois, as ondas encrespam o oceano, varrendo o quebra-mar, levando seu bramido ao pico da montanha, o ponto mais alto da ilha, onde Shinji e Hatsue vão trocar palavras e olhares pela primeira vez. A partir de então, os humores de Shinji vão refletir o temperamento do mar. Ele passa a sofrer os mesmos tormentos das águas, numa inquietude jamais experimentada, que culmina num profundo desespero quando recebe a notícia de que Hatsue deverá se casar com Yasuo. Seu coração só se acalma na noite em que decide voltar ao santuário. A baía iluminada pela lua, as nuvens pairando sobre o mar, toda a natureza parece, por fim, em harmonia com o rapaz. As ondas e as correntes marinhas entoam "uma bela canção, em uníssono com o sangue que lhe corria pelo corpo jovem". Mas à calmaria segue-se outra tempestade, e assim seus sentimentos oscilam de um extremo a outro, ora confiante no amor de Hatsue, ora convencido da sua impossibilidade.

O mar — quieto ou inquieto — é também a força soberana de um romance recente, publicado no Japão em 2013, e traduzido na França em 2016 com o título *Et Puis Après* [E então depois]. Dois meses após o grande tsunami do leste do Japão, ocorrido a 11 de março de 2011, Kasumiko Murakami se dirigiu a Otsuchi, cidade praticamente apagada do mapa, e foi descendo para o sul até chegar a Sendai. Pelo caminho, foi vendo "o terrível espetáculo da catástrofe" que deu origem a *Et Puis Après*.

A catástrofe é de fato um espetáculo. Tão assustadora quanto bonita, não conseguimos tirar o olho dela. No caso, não conseguimos parar de ler as primeiras quarenta páginas do romance, em que o narrador descreve o tsunami a partir do ponto de vista de Yasuo, um pescador costeiro, como seu pai e seu avô. Novamente estamos num Japão tradicional, ligado ao mar por várias gerações. O cotidiano se repete até o dia em que Yasuo precisa pôr em prática o que aprendera com palavras, quando percebe que a "onda que vinha com um rugido até a costa se recolhia numa velocidade atípica mas sem um barulho".

Ele sente a areia molhada tremer de forma cada vez mais violenta. Devem faltar 30 ou 40 minutos para a chegada do tsunami. Yasuo conhece a teoria: quando há um risco de tsunami, deve-se entrar no barco e navegar no horizonte. Mas na prática era como "se jogar nos braços do assassino para afrontá-lo de mãos vazias". É preciso muita coragem para se lançar no mar sabendo que uma onda gigante está prestes a se formar e destruir a terra.

É isso o que ele faz. Depois de atravessar com dificuldade uma enorme onda, a cerca de 10 quilômetros da costa, Yasuo desliga o motor e vê, diante de si, uma paisagem assustadora. No lugar da praia, uma parede escura e reluzente. Impossível ver o lado de lá. E no lado de lá, Yasuo sabe, o mundo está prestes a acabar. Seu vilarejo vai ser destruído, sua família talvez vá ser arrastada pela força da onda. E, no entanto, é impossível desviar o olhar daquela parede de água gigante. Ao lado de outros pescadores, Yasuo assiste ao fim do mundo e não pode fazer nada senão admirar, num silêncio profundo, monstruoso.

Nesse momento da narrativa, eu me lembrei de Shinji e Hatsue. Fiquei me perguntando se Utajima era próximo dali, se também seria destruída. Eu sabia que o amor deles tinha acontecido havia muitas décadas, mas, para mim, era tão presente que eu só pensava neles enquanto o narrador descrevia a parede de água, o desastre prestes a acontecer. Os dois livros se misturaram naquele universo costeiro, naquele Japão antigo, tão diferente do mundo veloz a que nos remete a cidade de Tóquio. Eu não queria que a família de Yasuo fosse arrastada pelo tsunami. Menos ainda, queria perder Shinji e Hatsue.

Ao mesmo tempo, eu não queria que o espetáculo terminasse. Não apenas a parede escura, mas também as flamas vermelhas e negras na direção da cidade de Kesennuma, como depois de uma grande explosão. A tempestade de neve caindo sobre os pescadores, tudo se misturando, água, gelo, fogo, exatamente como no fim do mundo. Eu sempre imaginei que, se o mundo acabasse, o fim do Rio de Janeiro seria embaixo d'água. Prédios, montanhas, pessoas, animais, todos submersos.

E depois do fim, tem o quê?, pergunta a criança. Quando tudo acaba, o que resta? Três dias após o tsunami, tendo sobrevivido a um frio glacial, os pescadores voltam ao vilarejo. Então, veem de perto o que de longe era apenas especulação. A praia está coberta de destroços, transformada em campo de batalha. Eles caminham sobre os destroços, mas recebem o abraço quente dos sobreviventes. Dentro do horror, Yasuo encontra a sua alegria.

A partir de então, é disso que trata o livro: Como viver após o desastre? Como encontrar beleza no que sobrou da morte? O horror vai ser narrado por Jokichi, o único a romper o silêncio, a descrever seu trajeto de fuga, os cadáveres que encontrou pelo caminho, vilarejos inteiramente destruídos, famílias sem esperança congelando sobre o teto de suas casas. A beleza fica a cargo do dono de um restaurante de *soba*, que, mesmo tendo perdido sua casa, seu restaurante e pessoas da família, apaixona-se por uma bela jovem. Questionado por Yasuo, ele se compara a uma vinha: quando cortamos os galhos e as folhas da videira que cresce numa terra árida, as uvas são doces. É da videira violentamente desbastada que nasce a uva mais doce, diz ele. E continua: "O mesmo acontece com os homens. Quando são profundamente feridos, o desejo de amar brota, quase violento."

São como as rosas que Kasumiko Murakami, a autora do romance, vê crescerem na lama em sua visita ao local do desastre. Ou como o mar que, antes inquieto, agora deságua na praia tranquilo, ignorando a tragédia provocada por ele mesmo. Cinco meses após o tsunami, Yasuo volta a entrar no barco. É de madrugada, e, "sobre a superfície da água escura e reluzente, peixes voadores saltam, como punhais prateados".

Nesse instante, penso numa sequência de fotografias de Hiroshi Sugimoto que vi certa vez em Naoshima. Uma ao lado da outra, várias paisagens de mar, divididas ao meio: água serena embaixo; céu igualmente sereno em cima. E então, depois do tsunami, escuto com nitidez as vozes de Shinji e Hatsue. Escuto a respiração de Yasuo se afastando do litoral. Como se nada tivesse acontecido, o mar esquece. E o mundo continua existindo, mesmo após o seu fim.

Pare o mundo

Por volta das vinte semanas de gravidez, os manuais aconselham: cante para o seu filho. E continue cantando até ele nascer. No ano passado, quando estava grávida e me deparei com a dica, pensei: coitado do Vicente. Sou desafinada até quando canto "Atirei o pau no gato" ou "Parabéns pra você". Gosto de ouvir música, e ele ouvia comigo, mas a proposta não era exatamente essa, e sim a de o bebê escutar a voz da mãe. Então me lembrei de fazer uma coisa que adoro, mas quase nunca faço. Nos fins de tarde, passei a ler poemas em voz alta para nós dois.

Ainda é cedo para saber se ele ganhou com isso, mas foi um ótimo exercício para mim. Recomendo — em tempos de escândalos no Congresso, falta de controle do Aedes Aegypti e volta da inflação — que o Brasil inteiro faça o mesmo. Raul Seixas cantou: "Pare o mundo que eu quero descer." Eu, que não sei cantar, diria: "Pare o mundo que quero ler poesia." Façamos isso juntos.

É claro que a maioria das pessoas vai dizer que essa proposta é romântica e ingênua, coisa de gente que não tem o que fazer, que não trabalha com a realidade. Mas, se a realidade é esta que vivemos agora, melhor não trabalhar com ela. Melhor imaginar outra. "Mas, sereia doce, que nos leva/ para o fundo, se houver/ outro mundo/ mais belo e profundo,/ leva-nos — doce menina — para/ o outro mundo", diz um dos *Poemas da Iara*, primeiro livro para crianças de Eucanaã Ferraz. Ou "para crianças de todas as idades", como diz o subtítulo da *Antologia ilustrada da poesia brasileira*, organizada por Adriana Calcanhotto, e sobre a qual já falarei. Afinal, com a minha voz, foi o que Vicente ouviu de mais próximo à música.

A poeta Matilde Campilho afirmou, na Flip de 2015, que a poesia não salva o mundo, mas salva o minuto. José Eduardo Agualusa, por sua vez, em resposta a ela, disse que, se não for a poesia a salvar o mundo, o mundo está perdido. Talvez os dois estejam falando (quase) a mesma coisa. Salvar o minuto é também salvar o mundo. Da mesma forma que ser inútil, no mundo de hoje, pode ser muito útil.

Em *Poesia e filosofia*, Antonio Cicero reforça a ideia da inutilidade poética. Diz ele: "Nem a filosofia nem a poesia têm grande (se é que tem alguma) utilidade prática." Muito menos numa época em que "o tempo livre parece ter encolhido muito". Para se ler um poema é preciso tempo. Não é por ser curto que o lemos rapidamente. "Quem lê um poema como se fosse um artigo, um ensaio ou um e-mail, por exemplo, não é capaz de fruí-lo", continua o poeta e filósofo.

Hoje, nem as crianças parecem ter tempo para usufruir do ócio. A infância deixou de ser aqueles dias longos, aquela eternidade em que as horas se dispunham até ficarmos profundamente entediados. Quando as crianças não estão estudando para passar no Vestibulinho, ou até para se preparar para o Enem, estão em videogames, tablets, celulares. De repente, já é hora de dormir, e o dia foi inteiramente preenchido pelo "princípio do desempenho", como afirma Cicero. Se quase não temos tempo livre, é porque estamos presos numa cadeia utilitária.

Por isso, a poesia se faz tão necessária, para libertar nossas horas, salvar nossos minutos, em todos os sentidos. Como atesta Cicero, "o que me parece inteiramente indesejável é a aceitação passiva da inevitabilidade do encolhimento do nosso tempo livre". Precisamos devolver tempo à infância, e infância a todos nós. A poesia pode fazer as duas coisas. O livro organizado por Calcanhotto nos proporciona essa experiência: sermos capazes de nos dar tempo para ler um poema, sermos crianças em qualquer idade.

Ela opta por uma disposição cronológica dos poemas, o que é bom para compreendermos as diferenças formais de cada época. Está tudo lá: poema metrificado, rimado, em versos livres, haicais. Poemas com assuntos variados, tristes e alegres, profundos e leves, sempre a fazer ressoar a palavra. Por isso, digo que a poesia é o que de mais próximo da música eu podia proporcionar com a minha voz. Todo poema é uma experiência linguística, uma experiência de som, em que a palavra, mais do que dizer uma ideia, diz-se a si mesma. Canta-se.

Adorei reler "A canção do exílio", de Gonçalves Dias. Aliás, é sempre bom reler esse poema, sentir o cheiro da terra, ouvir o sabiá, ver as palmeiras, as estrelas, tudo aquilo de que sentimos falta quando estamos fora do Brasil. Desse mesmo Brasil que, no poema de Murilo Mendes, se faz com "linhas paralelas". Um presidente constrói uma boa escola numa vila distante, onde não há estrada. Depois, constrói uma boa estrada em outra vila, onde não há escola. Há tempos, essa tem sido a nossa história. Quando lemos poemas em ordem cronológica, estamos suscetíveis à tristeza da constatação de que muitas coisas continuam iguais.

Não quero enveredar por uma leitura política da poesia, mas entrar na sua política própria: a do prazer da palavra. Um poema como "Aeroplano", de Afrânio Peixoto, até pode ser mais irônico hoje, porém vale em qualquer época pela sua sonoridade. "Um aeroplano/ Em busca de combustível.../ Oh! É um mosquito." Ou "O Haicai", de Guilherme de Almeida: "Lava, escorre, agita/ a areia. E enfim, na bateia,/ fica uma pepita." São muitas leituras possíveis, sempre, para cada poema. E, no entanto, o que mais gostei na seleção de Calcanhotto foi ouvir a beleza das palavras. Como acontece toda vez que leio o poema "No meio do caminho", de Drummond (que não está na antologia), para o qual foram feitas muitas interpretações e críticas severas. Gosto mesmo é de ficar ouvindo a repetição: "no meio do caminho tinha uma pedra/ tinha uma pedra no meio do caminho", sem querer entender de que pedra ele falava.

Esse é, sem dúvida, um dos motivos pelos quais infância e poesia se aproximam. Qual criança não gosta de ficar repetindo (e ouvindo repetirem) a mesma palavra diversas vezes? Palavras muitas vezes sem lógica. E é dessa aleatoriedade que nos fala Manoel de Barros no poema "Infantil". Depois de contar à mãe uma história sem pé nem cabeça, o menino se justifica: "Olha, mãe, eu só queria inventar uma poesia. Eu não preciso de fazer razão." Em texto de Drummond lembrado por Calcanhotto, ele pergunta: "Por que motivo as crianças, de modo geral, são poetas e, com o tempo, deixam de sê-lo?" Quintana é outro que canta o próprio fazer poético ligado à infância. Estes são os versos de "Biografia": "Entre o olhar suspeitoso da tia/ E o olhar confiante do cão/ O menino inventava a poesia."

"Diante do mar", poema de Alice Ruiz, enaltece o fazer poético em seu estado de ócio, de perda de tempo, de fruição: "diante do mar/ três poetas/ e nenhum verso", diz ela. Ascendo Ferreira, em "Filosofia", brinca: "Hora de comer — comer!/ Hora de dormir — dormir!/ Hora de vadiar — vadiar!/ Hora de trabalhar?/ — Pernas pro ar que ninguém é de ferro!" Uma brincadeira que está no cerne da inutilidade poética. Fazer e ler poesia são duas atividades que não correspondem ao ritmo de produtividade contemporânea nem à lógica da mais-valia.

Em entrevista à *Folha de S.Paulo*, o professor de literatura italiano Nuccio Ordine, autor de *A utilidade do inútil — um manifesto*, exalta a ideia de que o inútil — filosofia, literatura, poesia, o conhecimento de forma geral — é absolutamente necessário à humanidade. Só essa inutilidade, que também se aplica a uma ciência desinteressada de resultados pragmáticos, pode salvar nossos minutos, nosso mundo. O conhecimento é, sim, uma forma de resistência numa sociedade em que quase tudo pode ser comprado. A poesia e seu tempo perdido são uma maneira de combater uma sociedade fundada no utilitarismo.

Por isso, repito: pare o mundo, vamos ler poesia. Ou ao menos: pare o Brasil, vamos ler poesia. Se todos nós, responsáveis pela sociedade em que vivemos, nos permitíssemos tempo livre para ler poemas, viveríamos num mundo melhor. Agualusa tem razão quando diz que, se não for a poesia a nos salvar, estamos perdidos. Se os diretores da Samarco, por exemplo, tivessem lido o primeiro infantil de Eucanaã Ferraz, *Poemas de Iara*, se o tivessem ouvido cantar as belezas dos rios, as histórias e tradições que eles guardam e transmitem, duvido que o rio Doce tivesse virado esse mar de lama. Porque as crianças não gostam de poluir os rios. Nem os poetas. Crianças e poetas fazem de suas casas um lugar melhor.

18 de março de 2016

Sobre a ternura

Já contei por aqui como fico quando um livro me arrebata: fora de mim, subo paredes, alcanço o teto, danço, planto bananeira, gargalho. A alegria é ainda maior quando vem de um escritor brasileiro. Jovem, então, nem se fala. Bom saber que Victor Heringer ainda nos presenteará com livros tão bons ou melhores que *O amor dos homens avulsos*. Ele tem apenas 28 anos. Ou 29. Não sei em que mês nasceu, só o ano.

De que fala o livro? De um subúrbio no Rio de Janeiro, muito longe do mar, numa temperatura acima dos 31°, com uma umidade jamais abaixo dos 59 por cento. Do fim do mundo, que aconteceu faz tempo, apesar de seguirmos existindo. Do preconceito, do ódio, da vingança. Mas, sobretudo, do amor de um homem avulso, do primeiro amor, do amor que nos torna mais do que meros sobreviventes, que nos redime.

Quem narra? Camilo, agora um homem com seus 50 anos; antes, um menino em plena puberdade, manco, que vê o pai levar para dentro de casa Cosme, um menino negro, desconhecido. Um menino que a mãe rejeita, que a irmã, Joana, acolhe, e que Camilo, a princípio, odeia. Mas que depois se torna seu grande amor. Sua redenção. Cosme é o outro que torna a voz de Camilo tão potente, a escrita de Victor tão singular.

Somos arrebatados desde o princípio: "No começo, o planeta era quente, amarelento e tinha cheiro de cerveja podre. O chão era sujo de uma lama fervente e pegajosa. Os subúrbios do Rio de Janeiro foram a primeira coisa a aparecer no mundo, antes mesmo dos vulcões e dos cachalotes, antes de Portugal invadir, antes de o Getúlio Vargas mandar construir casas populares. O bairro do Queím, onde nasci e cresci, é um deles." De onde vem essa força?, nos perguntamos diante de uma estranheza para onde o livro nos leva logo.

Camilo nasceu com o cordão umbilical enrolado no pescoço, sinal de que vai ficar na beira da ameaça. Mas ameaça mesmo quem sofre é Cosme, assassinado cruelmente, no auge da descoberta do amor. Camilo é branco, rico, e seu desastre é sobreviver, ficar só na beira da ameaça. Seu desastre mas também sua salvação. Sobreviver é também ter memória, poder guardar os presentes recebidos: quatro figurinhas representando tribos de índios; uma caixa de fósforos Guarani; uma coruja de porcelana sem a orelha; o guardanapo que segurava um sonho de padaria. E ter memória é poder contar.

Camilo existe, de fato, em dois momentos: quando ama Cosme, no início da adolescência, e quando relata esse amor, décadas mais tarde. O que aconteceu antes desse amor e o que aconteceu no intervalo entre ele e o presente da narrativa não tem importância. Esses momentos se alternam no romance: ora lemos o menino despertando para o mundo, ora o homem desesperançado ganhando vida através da narrativa. E também de um encontro surpreendente, que eu deixo a cargo do leitor.

A narrativa que faz Camilo renascer não é só palavra: são também as imagens que percorrem o livro, fotografias de onde se beijaram pela primeira vez, da sua solidão, fotograma do que ele assiste na televisão, desenhos de quando era criança, caderneta da escola, a árvore cujas raízes destroem a calçada e que Camilo gostaria de ser. Tudo o que possa levá-lo de volta a Cosme, Cosmim, seu primeiro e único amor. Tudo o que nos leve até ele, mas não só a ele.

Quando começou a escrever esse romance, Victor pediu aos leitores que lhe enviassem os nomes de seus primeiros amores. Recebeu uma enxurrada de nomes. Eles estão nos livros, e nos apontam para o Cosme de cada um. Todo mundo escolhe alguém para ser seu ponto fora da curva, a única pessoa da sala de aula que não entra em nenhuma categorização, que não é nenhum dos tipos listados por Camilo. "Só conheci um sujeito que não se encaixava em nenhum dos quarenta tipos: Cosmim. Esse o mundo fez e quebrou o molde. O resto: encaixável", afirma o narrador.

Mas nem só de amor fala o livro. Fala também de uma década, a de 1970, e de um lugar, fictício porém real, Queím. A ditadura aparece aqui e ali, nas entrelinhas, mas de forma substancial. O pai de Camilo e Joana é médico. Ao que tudo indica, trabalha nos porões do sistema, ao lado dos torturadores. A dúvida atravessa o romance: De onde veio Cosme? Será ele o filho de opositores mortos pelo governo? Terá sido levado para a casa da família por culpa, remorso do pai? "Nós nem imaginávamos a crise que perturbava há meses o casamento dos nossos pais. Nem sabíamos quem governava o país. Vivíamos sob a esquisita ditadura da infância: víamos sem enxergar, ouvíamos sem entender, falávamos e não éramos levados a sério", conta Camilo.

Do subúrbio, temos o calor, as brincadeiras de rua, os vizinhos, as tempestades de verão que alagam as ruas e invadem as casas, a separação entre ricos e pobres. Cosme faz a ponte entre esses dois mundos, guia Camilo para fora de casa (depois da sua morte, Camilo não poderá mais sair). Na rua, Camilo descobre o companheirismo, mesmo com as discordâncias. Lá onde ele acha que encontraria ódio acaba por encontrar ternura.

A ternura talvez seja o sentimento preponderante em *O amor dos homens avulsos*. Entre o ódio que traz a morte violenta de Cosmim e o amor dos meninos, nasce a ternura. A ternura de Camilo e Cosme, mas também a ternura pelas árvores, pelos índios, pelos antigos escravos e pela sua cultura que permanece. Enfim, uma ternura pelo mundo que está acabando, pelas geleiras que derretem, pela floresta que ferve. Uma ternura da própria escrita, que insiste em amar o que desaparece. Que faz da memória realidade, que traz de volta quem já morreu.

E não foi só Cosme quem morreu. Maria Aína, uma vizinha que vinha tomar conta de Camilo e Joana quando a mãe pedia, também. E que "devia ter uns 279 anos de idade". Filha de escravos, "falava na língua dos tataravôs quando não queria que a entendessem". A ternura de Maria Aína por Camilo vinha do fato de os dois terem nascido com o cordão umbilical enrolado no pescoço.

E a ternura de Victor Heringer, escritor, pela personagem Maria Aína vem de uma ternura pelo nosso passado, pela religião trazida pelos africanos, pelos seus costumes, que também fizeram quem somos, mas que são tantas vezes odiados por nós mesmos. Da senzala, sobrou apenas a fachada. Mas foi lá que Cosme se escondeu no primeiro dia. Era lá que os meninos da rua passavam boa parte do tempo. Era lá que Cosme e Camilo se encontravam. E que lá acontece lembra também quem lá esteve.

Em uma entrevista, Victor diz: "Escrever é um esconjuro do esquecimento, uma reação um tanto patética contra o inevitável, não só o desaparecimento do corpo, do nome, dos livros, mas das cidades, da espécie e, na perspectiva cosmológica, de tudo que existe. Sinto muita ternura pelo nosso impulso de registro, de documentação, porque é tão bobo e tão megalomaníaco." Ele tem razão. O fim do mundo pode não ser agora, mas é inevitável. Enquanto ele não chega, ficamos aqui, tentando evitá-lo. Ou ao menos adiá-lo. A literatura é um bom antídoto para o seu fim. Para o fim em geral, para a morte, para o esquecimento. Enquanto Camilo puder contar sua história com Cosme, eles continuarão juntos. Enquanto houver livros como *O amor dos tempos avulsos*, não precisaremos nos preocupar: o mundo continuará existindo. E, dentro dele, mundos ainda melhores.

17 de fevereiro de 2017

Referências bibliográficas

ADICHIE, Chimamanda Ngozi. Sejamos todos feministas. São Paulo: Companhia das Letras, 2015, 1.ed.

ADLER, Laure & BOLLMANN, Stefan. Les Femmes qui Lisent sont Dangereuses. Paris: Flammarion 2006, 1.ed.

AGUALUSA, José Eduardo. Teoria geral do esquecimento. Rio de Janeiro: Foz Editora, 2012, 1.ed.

———. Estação das chuvas. Rio de Janeiro: Língua Geral, 2012, 1.ed.

———. As mulheres do meu pai. Rio de Janeiro: Língua Geral, 2012, 1.ed.

———. Barroco tropical. São Paulo: Companhia das Letras, 2009, 1.ed.

ANDRADE, Oswald. Manifesto antropófago. São Paulo: Globo Editora, 2011, 1.ed

ARENDT. Hannah. Eichmann em Jerusalém. São Paulo: Companhia das Letras, 1999, 1.ed.

———. Homens em tempos sombrios. São Paulo: Companhia das Letras, 2008, 1.ed.

———. A vida do espírito. Rio de Janeiro: Civilização Brasileira, 2016, 5.ed.

———. Origens do totalitarismo. São Paulo: Companhia de Bolso, 2012, 1.ed.

AZEVEDO, Beatriz. Antropofagia — palimpsesto selvagem. São Paulo: Cosac & Naify, 2016, 1.ed.

BARRETO, Lima. Triste fim de Policarpo Quaresma. São Paulo: Penguin e Companhia das Letras, 2011, 1.ed.

BARTHES, Roland. O rumor da língua. São Paulo: Martins Fontes, 2004, 2.ed.

———. A câmara clara. São Paulo: Saraiva de Bolso, 2012, 1.ed.

BINET, Laurent. Quem matou Roland Barthes? São Paulo: Companhia das Letras, 2016, 1.ed.

BUARQUE, Chico. Chapeuzinho amarelo. Rio de Janeiro: Editora José Olympio, 2016, 39.ed.

CAMUS, Albert. O estrangeiro. Rio de Janeiro: Editora Record, 2005, 26.ed.

CARDOSO, Dulce Maria. O retorno. Rio de Janeiro: Tinta da China, 2012, 1.ed.

CICERO, Antonio. Poesia e filosofia. Rio de Janeiro: Civilização Brasileira, 2012, 1.ed.

COELHO, Alexandra Lucas. E a noite roda. Lisboa: Tinta da China, 2012, 1.ed.

_____. Deus-Dará. Lisboa: Tinta da China, 2016, 1.ed.

COETZEE J. M. Desonra. São Paulo: Companhia das Letras, 2000, 1.ed.

DAOUD, K. Meursault, contra-investigação. Lisboa: Teodolito, 2014, 1.ed.

DELEUZE, Gilles. Crítica e clínica. São Paulo: Editora 34, 2011, 2.ed.

DERRIDA, Jacques. Espectros de Marx. Rio de Janeiro: Relume Dumará, 1994, 1.ed.

DURAS, Marguerite. La Passion Suspendue. Paris: Seuil, 2013, 1.ed.

_____. Uma barragem contra o pacífico. Algés: Difel, 1988, 1.ed.

_____. O amante. São Paulo: Cosac & Naify, 2007, 1.ed.

_____. A doença da morte. Ozóia: Estampa, 1983, 1.ed.

_____. O deslumbramento de Lol V. Stein. Rio de Janeiro: Nova Fronteira, 1986, 2.ed.

_____. O amor. Barcarena: Editorial Presença, 1972, 39.ed.

EGGERS, Dave. Um holograma para o rei. São Paulo: Companhia das Letras, 2015, 1.ed.

ERDOGAN, Asli. Le Bâtiment de Pierre. Arles: Actes Sud, 2013, 1.ed.

FERRANTE, Elena. História do novo sobrenome. São Paulo: Biblioteca Azul, 2016, 1.ed.

FLAUBERT, Gustave. Madame Bovary. São Paulo: L&PM, 2003, 2.ed.

_____. A educação sentimental. São Paulo: Martin Claret, 2006, 1.ed.

_____. Um coração simples. Lisboa: Alêtheia, 2016, 1.ed.

FUKS, Julián. Resistência. 1.ed. São Paulo: Companhia das Letras, 2015, 1.ed.

GALERA, Daniel. Meia-noite e vinte. São Paulo: Companhia das Letras, 2016, 1.ed.

GINZBURG, Natalia. Pequenas virtudes. São Paulo: Cosac & Naify, 2015, 1.ed.

HERINGER, Victor. O amor dos homens avulsos. São Paulo: Companhia das Letras, 2016, 1.ed.

HOUELLEBECQ, Michel. Submissão. São Paulo: Alfaguara, 2015, 1.ed.

LAUB, Michel. O tribunal da quinta-feira. São Paulo: Companhia das Letras, 2016, 1.ed.

_____. Diário da queda. São Paulo: Companhia das Letras, 2011, 1.ed.

_____. A maçã envenenada. São Paulo: Companhia das Letras, 2013, 1.ed.

JARDIM, Eduardo. Hannah Arendt: pensadora da crise e de um novo início. Rio de Janeiro: Civilização Brasileira, 2011, 1.ed.

LEVY, Deborah. Things I don't Want to Know. Nova York: Bloomsbury Publishing, 2014, 1.ed.

_____. Nadando de volta para casa. Rio de Janeiro: Rocco, 2014, 1.ed.

LISPECTOR, Clarice. Legião estrangeira. Rio de Janeiro: Rocco, 2015, 1.ed.

_____. A paixão segundo G.H. Rio de Janeiro: Rocco, 1998, 1.ed.

_____. Água viva. Rio de Janeiro: Rocco, 1998, 1.ed.

_____. Um sopro de vida. Rio de Janeiro: Rocco, 1999, 1.ed.

_____. O primeiro beijo. São Paulo, Ática, 1.ed.

LOBATO, Monteiro. História do mundo para as crianças. São Paulo: Globinho, 2015, 1.ed.

KUCINSKI, Bernardo. K. São Paulo: Cosac & Naify, 2014, 1.ed.

MACHADO, Ana Maria; CLAUDIUS. Mico Maneco. São Paulo: Salamandra, 2012, 1.ed.

_____. Fome danada. São Paulo: Salamandra, 2013, 2.ed.

_____. Tatu bobo. São Paulo: Salamandra, 2011, 1.ed.

MACLVOR, Daniel. Cine monstro. Rio de Janeiro: Cobogó, 2013, 1.ed.

MAUPASSANT, G. de. Contos fantásticos. São Paulo: L&PM, 1997, 1.ed.

MELLVILLE, H. Redburn. Nova York: Modern Library, 2002, 1.ed.

_____. Bartleby, o escrivão. Rio de Janeiro: Editora José Olympio, 2017, 2.ed.

MISHIMA, Yukio. Mar inquieto. São Paulo: Companhia das Letras, 2002, 1.ed.

NASSAR, Raduan. Menina a caminho. São Paulo: Companhia das Letras, 2016, 3.ed.

_____. Um copo de cólera. São Paulo: Companhia das Letras, 2014, 5.ed.

_____. Lavoura arcaica. São Paulo: Companhia das Letras, 1989, 6.ed.

NEPOMUCENO, Eric. A memória de todos nós. Rio de Janeiro: Editora Record, 2015, 1.ed.

OZ, Amós. Contra o fanatismo. Rio de Janeiro: Ediouro, 2004, 2.ed.

_____. A caixa preta. São Paulo: Companhia de Bolso, 2007, 1.ed.

_____. O mesmo mar. São Paulo: Companhia de Bolso, 2014, 1.ed.

_____. Judas. São Paulo: Companhia de Bolso, 2014, 1.ed.

PAIVA, Marcelo Rubens. Ainda estou aqui. São Paulo: Alfaguara, 2015, 1.ed.

PORTO, Alexandre Vidal. São Paulo: Companhia das Letras, 2014, 1.ed.

RANCIÈRE, Jacques. Le Fil Perdu: Essais sur la Fiction Moderne. Paris: La fabrique, 2014, 1.ed.

_____. O ódio à democracia. São Paulo: Boitempo, 2014, 1.ed.

ROCHA, Ruth. Marcelo, marmelo, martelo. São Paulo: Salamandra, 2.ed.

ROSA, João Guimarães. Grande sertão: veredas. Rio de Janeiro: Nova Fronteira, 2001, 19.ed.

_____. A fita verde no cabelo. Rio de Janeiro: Nova Fronteira, 1992, 5.ed.

RUFFATO, Luiz. Entre nós. Rio de Janeiro: Língua Geral, 2007, 5.ed.

SAAVEDRA, Carola. O inventário das coisas ausentes. São Paulo: Companhia das Letras. 2014, 1.ed.

SARTRE, J.P. Idade da razão. São Paulo: Saraiva de Bolso, 2012, 1.ed.

SHAFAK, Elif. De volta a Istambul. Rio de Janeiro: Nova Fronteira, 2007, 1.ed.

SONTAG, Susan. Diante da dor dos outros. São Paulo: Companhia das Letras, 2003, 1.ed.

TAVARES, Rui. Esquerda e direita: guia histórico para o século XXI. Rio de Janeiro: Tinta da China, 2016, 1.ed.

TAVARES, Gonçalo M. Tavares. Jerusalém. São Paulo: Companhia das Letras, 2006, 1.ed.

TERRON, J.R. Do fundo do poço se vê a lua. São Paulo: Companhia das Letras, 2010, 1.ed.

WOOLF, Virgina. Orlando. São Paulo: Autêntica, 2015, 1.ed.

_____. Ao farol. São Paulo: Autêntica, 2013, 1.ed.

VIDAL, Paloma. Mar azul. Rio de Janeiro: Rocco, 2011, 1.ed.

VIGNA, Elvira. Deixei ele lá e vim. São Paulo: Companhia das Letras, 2006, 1.ed.

ZAMBRA, Alejandro. Formas de voltar para casa. São Paulo: Cosac & Naify, 2014, 1.ed.

ZIRALDO. O menino maluquinho. São Paulo: Melhoramentos, 2008, 92.ed.

ZWEIG, Stefan. Autobiografia: o mundo de ontem. Rio de Janeiro: Zahar, 2014, 1.ed.

Este livro foi composto na tipologia ClassGaramond,
em corpo 11/15, e impresso em
papel off-white no Sistema Cameron da
Divisão Gráfica da Distribuidora Record.